만들면서 배우는
컴파일러 첫걸음

KB179618

Original Japanese Language edition

コンパイラ −作りながら学ぶ−
COMPILER − TSUKURI NAGARA MANABU −

by Ikuo Nakata

Copyright ⓒ Ikuo Nakata 2017

Published by Ohmsha, Ltd.

Korean translation rights by arrangement with Ohmsha, Ltd.

through Japan UNI Agency, Inc., Tokyo and Botong Agency, Seoul

만들면서 배우는 컴파일러 첫걸음

초판 1쇄 발행 2021년 6월 24일 **지은이** 나카다 이쿠오 **옮긴이** 윤인성 **펴낸이** 한기성 **펴낸곳** (주)도서출판 인사이트 **편집** 송우일 **제작·관리** 신승준, 박미경 **용지** 에이페이퍼 **출력·인쇄** 에스제이피앤비 **후가공** 에이스코팅 **제본** 서정바인텍 **등록번호** 제2002-000049호 **등록일자** 2002년 2월 19일 **주소** 서울시 마포구 연남로5길 19-5 **전화** 02-322-5143 **팩스** 02-3143-5579 **블로그** http://blog.insightbook.co.kr **이메일** insight@insightbook.co.kr **ISBN** 978-89-6626-314-1 책값은 뒤표지에 있습니다. 잘못 만들어진 책은 바꾸어 드립니다. 이 책의 정오표는 http://blog.insightbook.co.kr/에서 확인하실 수 있습니다.

만들면서 배우는

컴파일러

첫걸음

인사이트

차례

9장 더 공부하려면

10장 PL/0′ 컴파일러의 코드

옮긴이의 글

최근 컴퓨터공학과가 아닌 사람들도 컴퓨터공학을 공부하는 사회적인 현상이 있습니다. 취업 목적으로 공부하는 사람들도 있고, 단순히 재미로 공부하는 사람들도 있습니다. 하지만 어떤 형태로 공부를 하든, 대부분 단순한 프로그래밍 언어 사용 방법 그 이상(이를테면 컴퓨터 수학, 컴파일러, 프로그래밍 언어론, 운영체제 등)으로 컴퓨터공학을 공부하는 경험은 드물다고 생각합니다.

저는 단순한 프로그래밍 언어 사용 방법 이상으로 컴퓨터공학을 공부해 보는 것을 추천합니다. 기초 부분만 배우고 추가적인 지식 없이 학교 밖으로 나가게 되면 "컴퓨터공학은 많은 것이 '타고나는 감'에 의존하는 분야"라는 느낌을 받을 수밖에 없습니다.

하지만 세상 대부분의 분야에서는 과거 앞선 사람들이 만든 지식과 자료를 기반으로, 새로운 무언가를 만들어 냅니다. 과거의 지식과 자료가 없었다면 현재의 지식과 자료가 없을 것입니다.

예를 들어 그림이라는 분야를 생각해 봅시다. 인류 최초로 벽에 그림을 그렸던 사람은 엄청난 감을 갖고 있는 사람이었을 것입니다. 하지만 그때 그 타고난 감을 갖고 있는 사람이 그렸던 그림은 오늘날 초등학생도 스케치북에 쉽게 그릴 수 있는 수준입니다. 그동안 그림을 위한 다양한 이론과 참고할 수 있는 많은 자료가 축적되어 왔고, 이를 기반으로 공부하면 앞선 사람들이 만들어 놓은 위치까지 쉽게 습득할 수 있기 때문입니다. 그리고 이러한 지식과 자료를 기반으로 새로운 그림들을 그려 내고, 수많은 사람의 움직임으로 새로운 흐름을 만들어 내기도 합니다.

컴퓨터공학도 마찬가지입니다. 단순한 프로그래밍 언어 사용 방법 이상으로 컴퓨터공학을 공부하면 컴퓨터공학에 대한 막연한 두려움을 줄일 수 있으며, 현재까지의 것 다음으로 나아갈 수 있습니다.

컴파일러는 컴퓨터공학 내에서 역사가 굉장히 오래됐고, 오랜 시간 동안 다양한 지식과 자료를 쌓아 온 분야입니다. 일반적으로 대학 컴퓨터공학 관련 전공 2~3학년에 배우는 과목으로, 단순한 프로그래밍 언어(예를 들어 C 언어) 사용 방법을 공부한 뒤에 배울 수 있는 과목입니다.

이 책은 대학교에서 교재로 활용하는 것이 가장 이상적입니다. 혼자 이 책의 내용을 모두 이해하는 것이 힘들 수 있기 때문입니다. 하지만 전부 이해하지 못해도 등장하는 용어와 이론을 간단하게나마 이해하면, 컴퓨터공학과 관련된 앞선 사람들의 지식을 습득하는 데 충분히 도움이 될 수 있으리라 생각합니다. 따라서 전공자 또는 비전공자 모두에게 도움이 될 수 있을 것입니다.

머리말

이 책은 컴파일러를 알기 쉽게 설명하는 입문서입니다.

현대의 많은 소프트웨어들이 대부분 경험과 감에 의존해서 만들어지고 있는 반면, 컴파일러는 이론적으로 굉장히 많이 연구되어 왔고, 실제로도 이러한 연구가 활용되고 있는 분야입니다. 이 책은 기본적인 컴파일러 이론을 컴파일러를 작성해 보면서 알아보는 책입니다.

컴파일러는 꽤 복잡한 시스템입니다. 그래서 전체적인 형태를 파악하고 '이론과 구현 방법의 관계'와 '실제로 컴파일러를 제작할 때 필요한 사소한 테크닉'을 이해하려면, 작은 것이라도 하나의 완전한 컴파일러를 어떻게든 이해해 보는 것이 좋습니다. 이를 위한 학습용 컴파일러의 예로서 니클라우스 비르트 (Niklaus Wirth)의 PL/0 컴파일러(참고 문헌 [Wirth 76])가 유명합니다. PL/0는 굉장히 간단한 언어이지만, 컴파일러와 관련된 중요한 요소들이 대부분 사용됩니다. 그래서 컴파일리 교육용으로 널리 사용되고 있습니다.

저도 컴파일러 수업을 진행할 때 PL/0를 활용했지만, PL/0 언어의 기능에는 함수(매개변수를 가진 프로시저)가 없고, 컴파일러가 파스칼(Pascal)[1]로 작성되어 중요한 변수들이 모두 전역 변수로 선언되어 위험하다는 점 등이 신경 쓰였습니다. 그래서 이 책에서는 PL/0 언어에 함수를 추가하고(이 언어를 PL/0′라고 부르기로 했습니다), 이를 C 언어로 작성한 컴파일러를 살펴봅니다.

이 책은 컴퓨터 공학과에서 교재로 사용될 것을 고려해서 제 강의 경험으로 미루었을 때 한 학기에 끝낼 수 있는 분량으로 집필했습니다. 부록에는 PL/0′의 전체 코드를 실었고 본문에서는 이를 이해하는 데 필요한 이론들을 설명합니다.

PL/0′는 컴파일러 구문 분석 방식 중에서 가장 직관적으로 이해하기 쉬운 재귀적 하향식 구문 분석을 사용합니다. 따라서 구문 분석 기법은 이를 중심으로

---

1 (옮긴이) 앞서 언급한 니클라우스 비르트가 설계에 참여

설명합니다. 적용 범위가 더 넓지만 방식이 복잡한 LR 구문 분석은 따로 설명하지 않습니다.[2]

덧붙여서 이 책의 컴파일러가 생성하는 목적 코드는 일반적인 머신의 기계어 코드가 아니고, 스택을 가진 가상 머신에서 실행할 수 있는 후위 표기법(역폴란드 표기법) 형태의 코드입니다. 이 책에서는 스택에 대해서는 굉장히 자세하게 다루지만, 일반적인 기계어 목적 코드를 생성하는 방식과 최적의 기계어 코드를 생성하는 기법은 다루지 않습니다. 이러한 내용들은 이 책으로 컴파일러의 기본적인 내용을 모두 숙지한 뒤에 다른 책(참고 문헌 [Aho 07] 등)을 통해 공부해 보기 바랍니다.

일반적으로 컴파일러의 오류 메시지는 이해하기 어려운 경우가 많습니다. 이 책의 컴파일러는 오류 메시지를 출력하는 방법을 조금 새로운 형태로 만들었습니다. 저는 단순하게 텍스트로 오류 메시지를 출력하는 것보다 주어진 소스 코드를 컴파일러가 어떻게 분석했는지 사용자에게 알려 주는 것이 사용자 입장에서 더 쉽다고 생각했습니다. 그래서 프로그램 코드 글꼴을 조금 다르게 출력해서, 컴파일러가 어떻게 분석했는지 보여 줄 수 있게 만들기로 했습니다. 또한 컴파일러가 읽고 버린 글자, 오류를 수정하기 위해 삽입한 글자도 출력하기로 했습니다. 이러한 형태로 글꼴을 지정해 출력하는 시스템으로 널리 사용되는 레이텍(LaTeX)이라는 것이 있습니다. 따라서 이 책의 컴파일러 출력은 여러 글꼴로 출력하기 위해 레이텍 처리 시스템이 필요합니다. 만약 이런 처리 시스템이 없을 경우에는 일반적인 형태로 오류 메시지를 출력해야 하는데, 이와 관련된 수정 방법은 코드에 주석으로 넣어 두었습니다.

이 책의 구성을 정리해 보면 다음과 같습니다.

1장에서는 컴파일러의 정의와 다양한 구현 방법에 대해 간단하게 알아봅니다.

2장에서는 기초 지식으로 후위 표기법과 스택을 설명하고, 컴파일러의 동작을 이해해 보기 위해 할당문 하나가 컴파일되는 과정을 살펴보겠습니다. 이어서 컴파일러의 논리적 구조와 물리적 구조, 다양한 요소들을 간단하게 살펴봅니다.

---

2 개정판을 쓰면서 마지막 장에 간단한 설명을 추가했습니다.

3장에서는 언어의 구문을 정의하는 작성 방법으로 배커스 표기법과 구문 도식을 설명합니다. 또한 문법과 언어와 분석 트리의 형식적인 정의를 살펴봅니다. 마지막으로 예로서 PL/0′의 문법을 살펴봅니다.

4장에서는 컴파일러가 하는 분석의 첫 부분에 해당하는 낱말 분석 프로그램을 만들어 보면서 '낱말의 정의를 정규 표현으로 표현하기'부터 '그러한 낱말을 읽어 들일 수 있는 유한 오토마톤'을 만드는 방법을 설명합니다. 또한 실제 컴파일러의 낱말 분석 프로그램에서 발생하는 문제로 부동소수점 상수와 관련된 문제, 주석과 관련된 문제를 살펴봅니다. 이와 관련해서 문자열 패턴 매칭 알고리즘으로 유명한 커누스-모리스-프랫(Knuth-Morris-Pratt)[3] 알고리즘을 다룹니다. 마지막으로 PL/0′의 낱말 분석 프로그램을 살펴봅니다.

5장에서는 재귀적 하향식 구문 분석과 관련해서 기본적인 이론을 살펴봅니다. 이어서 주어진 문법으로 구문 분석하는 프로그램을 설명하고, PL/0′의 구문 분석 프로그램 개요를 살펴봅니다.

6장에서는 의미 분석에서 중심적인 역할을 하는 기호 테이블의 구성법과 탐색법을 알아보고, PL/0′의 기호 테이블에 대해 살펴봅니다.

7장에서는 원시 프로그램에 오류가 있을 때 김파일러의 대처법을 설명힙니다. 추가로 PL/0′ 컴파일러에서 오류 메시지 대신 사용한 방법(레이텍을 활용한 기법)에 대해 살펴봅니다.

8장에서는 컴파일러의 목적 코드를 실행하는 가상 머신, 목적 코드(가상 기계어 코드)로 변환하는 방법, 목적 코드 실행법(가상 머신의 통역 시스템) 등의 일반적인 내용을 설명합니다. 이어서 PL/0′ 머신(PL/0′를 위한 가상 머신)을 설명하고, 원시 프로그램과 목적 코드의 대응을 예를 보며 살펴봅니다.

부록에는 PL/0′ 컴파일러의 모듈 구성 설명과 전체 코드를 넣었습니다.

이상은 1995년 6월 출간한 구판의 머리말입니다. 이 책은 개정판입니다.

개정하면서 독학하는 사람들의 편의를 위해 예제와 연습 문제를 보강했고 해답도 더 자세히 적었습니다. 추가로 컴파일러에 대해 더 자세히 설명했으며,

---

3 (옮긴이) 도널드 커누스(Donald Knuth), 제임스 모리스(James Morris), 본 프랫(Vaughan Pratt)

최신 기술을 배울 수 있는 자료들을 9장에 추가했습니다. 또한 오래된 참고 문헌들을 최신 참고 문헌으로 변경했습니다.

그 외에도 이 책의 이전 판을 교재로 사용하고 있는 도쿄 가쿠게이 대학의 미라데라 요조우 교수님의 의견에 따라서 LL 구문 분석과 관련된 설명 뒤에 간단하게 LR 구문 분석과 그 동작 예를 설명했습니다.

마지막으로 이 책을 집필할 기회를 주신 출판사의 편집 위원장을 포함한 모든 분들, 개정판에 대한 의견을 들어 주신 미라데라 요조우 교수님, 개정판에 도움을 주신 모든 분들에게 감사의 말씀을 드립니다.

나카다 이쿠오(中田育男)

> 이 책의 마지막에 있는 PL/0′ 컴파일러의 소스 프로그램 등은 인터넷에서도 확인할 수 있습니다. https://bit.ly/3hMQ900에서 소스 코드를 받을 수 있습니다.[4]
> 출력을 변경하면 PL/0′ 컴파일러의 출력을 레이텍 형식이 아니라 HTML 형식으로 할 수도 있습니다. 이렇게 하면 오류와 관련된 정보를 색상 등을 추가해 더 자세하게 출력합니다. 자세한 내용은 코드를 확인해 주세요.

---

4 (옮긴이) 컴파일러 소스 코드를 빌드하려면 gcc(https://gcc.gnu.org/)와 make(https://www.gnu.org/software/make/)가 필요합니다.

1장

컴파일러 개요

컴파일러(compiler)는 고급 언어로 작성된 프로그램을 기계어 프로그램으로 변환해 주는 프로그램입니다. 이번 장에서는 '컴파일러'와 '컴파일러와 관련된 용어의 정의'를 살펴보겠습니다. 주요한 용어로는 컴파일러, 원시 프로그램, 목적 프로그램, 원시 언어, 목적 언어, 변환 시스템, 통역 시스템(인터프리터), 전처리 시스템 등이 있습니다. 이러한 것들은 관계를 직관적으로 쉽게 이해할 수 있는 도식 표기를 사용해서 설명하도록 하겠습니다. 변환 시스템(Translator)은 T형 도식, 인터프리터(Interpreter)는 I형 도식으로 표현할 수 있습니다.

1.1 컴파일러란?

컴파일러는 고급 프로그래밍 언어(higher level programming language)로 작성된 프로그램을 기계 지향 언어(machine oriented language) 프로그램으로 번역하기 위한 프로그램입니다.

　고급 프로그래밍 언어의 '고급'은 기계어 등의 프로그래밍 언어보다는 고급이라는 의미입니다. 1950년대 계산기(컴퓨터)의 여명기에 포트란(Fortran)과 같은 언어에 처음 붙은 이름입니다. 현재는 기계어 레벨에서 프로그램을 작성하는 일이 없다 보니 프로그래밍 언어에 '고급'이라는 단어를 붙이지 않지만, 컴파일러를 공부할 때는 기계 지향 언어와 구별할 수 있게 고급 언어라는 표현을 사용합니다.

기계 지향 언어는 기계어처럼 컴퓨터에서 실행하기 적합한 언어라는 의미입니다. 이와 비교해서 프로그래밍하기 쉽다는 의미에서 고급 프로그래밍 언어는 인간 지향 언어라고 할 수 있습니다. 컴파일러는 인간에게 익숙한 언어로 작성된 프로그램을 컴퓨터에서 실행하기 적합한 형태로 변환해 주는 소프트웨어입니다. 컴퓨터가 실행할 수 있는 것은 기계어이므로 고급 언어로 작성된 프로그램을 기계어 프로그램으로 변경해야 합니다. 하지만 이 변환 과정이 생각보다 쉽지 않습니다.

고급 언어를 원시적인 기계 언어로 변경하는 것이 어려운 이유는 그 문법에 큰 괴리가 있기 때문입니다. 하지만 컴퓨터가 실행할 수 있는 코드는 원시적인 기계 언어로 한정되어 있으므로 변경을 해야 실행할 수 있습니다. 그런데 만약 문법적으로 조금 더 발달된 형태의 기계어(이를 중간 언어라고 부릅니다)를 실행할 수 있는 컴퓨터가 있다면 어떨까요? 변환 과정이 훨씬 간단해질 것입니다.

예를 들어 자바(Java)라는 프로그래밍 언어는 자바 바이트 코드라는 중간 언어로 변환되고, 이를 JVM(Java Virtual Machine)이라는 가상 머신으로 실행합니다. C#이라는 프로그래밍 언어는 CIL(Common Intermediate Language)로 변환되고, 이를 CLR(Common Language Runtime)이라는 가상 머신으로 실행합니다.

이렇게 고급 언어를 중간 언어로 변환하는 프로그램도 컴파일러라고 할 수 있습니다. 참고로 중간 언어로 변환하는 컴파일러는 만들기가 쉬운 편입니다. 그리고 변환만 할 수 있다면 해당 가상 머신에서 실행할 수 있습니다. 코틀린(Kotlin), 스칼라(Scala), 클로저(Clojure), 그루비(Groovy), C#, 베이식, F# 등의 언어도 이런 컴파일러들이 나와서 자바 바이트 코드(또는 CIL)로 변환할 수 있으며, JVM(또는 CLR)으로 실행할 수 있습니다.

일반적으로 어떤 언어로 작성된 프로그램을 다른 언어로 변환하는 프로그램을 변환 시스템(translator)이라고 부릅니다. 여기에서 변환 이전의 언어를 원시(原始) 언어(source language), 이를 기반으로 작성된 프로그램을 원시 프로그램(source program)이라고 부릅니다. 또한 변환 이후의 언어를 목적 언어

(object language 또는 target language), 변환으로 얻어진 프로그램을 목적 프로그램(object program 또는 target program)이라고 부릅니다. 컴파일러는 고급 프로그래밍 언어를 원시 언어로 하고, 기계 지향 언어를 목적 언어로 하는 변환 시스템이라고 할 수 있습니다. 이 책에서는 변환 시스템 내부의 여러 언어의 관계를 직관적으로 표현할 수 있게 다음과 같은 표기법을 사용합니다.

 언어 DL로 작성되었으며
함수 f^1를 갖고 있는 프로그램을 나타냅니다.

또한 이러한 프로그램에 입력 데이터와 출력 데이터가 있다면, 다음과 같이 입력 데이터는 왼쪽에 적고 출력 데이터는 오른쪽에 적습니다.

여기에서 DL(description language)은 기술 언어 또는 정의 언어라고 부릅니다. 컴퓨터에서 직접 실행 가능한 프로그램은 해당 컴퓨터의 기계어로 작성된 프로그램입니다. 어떤 컴퓨터의 기계어를 M이라고 했을 때 해당 컴퓨터에서 실행 가능한 프로그램은 다음과 같이 나타냅니다.

변환 시스템은 변환이라는 특수한 기능을 가진 프로그램입니다. 이를 그림으로 나타내 보면 다음과 같습니다.

---

1 (옮긴이) 이 책에서는 프로그램, 함수, 프로시저, 절차라는 용어가 혼용됩니다. 고전적으로 프로그램은 어떤 입력을 받고 어떤 출력을 하는 거대한 함수로 볼 수 있기 때문입니다. 책을 읽을 때 이를 생각하면서 읽으면 더 편하게 읽을 수 있을 것입니다.

원시 언어를 SL, 목적 언어를 OL로 하는 변환 시스템입니다.
또한 DL이라는 기술 언어로 작성되어 있다는 것을 나타냅니다.

포트란 컴파일러는 컴퓨터에서 실행할 수 있는 기계어를 M, 포트란을 F라고
표기할 때 다음과 같이 나타낼 수 있습니다.

포트란 프로그램을 다음과 같이 나타낼 수 있다고 할 때

컴파일러는 다음과 같이 표기할 수 있습니다.

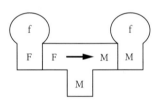

입력으로 포트란으로 작성된 프로그램을 넣었을 때 출력으로 해당 컴퓨터에서
실행 가능한 프로그램을 얻는다는 의미입니다. 즉, F → M이라는 변환에 의해
다음과 같은 프로그램이 만들어집니다.

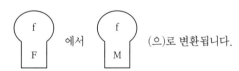

이러한 목적 프로그램의 실행은 다음과 같은 형태로 나타낼 수 있습니다.

1.2 변환 시스템과 통역 시스템

원시 프로그램을 실제 컴퓨터의 기계어로 변환하지 않고 가상 머신에서 사용할 수도 있습니다. 원시 언어에 맞게 가상 머신을 만들고 프로그램을 해당 가상 머신의 기계어로 변환(분석)해서 실행하는 시스템도 있습니다. 가상 머신의 기계어는 원시 언어와 실제 컴퓨터의 기계어 중간에 위치하는 언어이므로 중간 언어(intermediate language)라고 부릅니다. 그리고 이러한 변환(분석)을 해 주는 프로그램을 **인터프리터**(interpreter)라고 부릅니다. 또는 통역 시스템이라고 부르기도 합니다.[2]

　인터프리터 자체도 하나의 프로그램이므로 어떤 기술 언어(DL)로서 작성되어 있습니다. 언어 L로 만들어진 프로그램을 분석하는 인터프리터가 DL이라는 언어로 작성되었다면, 다음과 같이 표현할 수 있습니다.

가상 머신의 기계어를 VL이라고 할 때 해당 가상 머신 전용 목적 프로그램은 다음과 같이 표현할 수 있습니다.

2　(옮긴이) 1장을 읽는 단계에서는 '인터프리터'라는 표현이 더 익숙할 것이므로 인터프리터라는 용어를 사용하지만 이후에는 처리 시스템, 변환 시스템, 생성 시스템 등과 호응을 위해 '통역 시스템'이라는 표현을 더 많이 사용할 예정입니다.

이와 같이 VL이라는 언어로 작성된 프로그램을 실행하려면, 다음과 같은 인터프리터가 필요할 것입니다.

이러한 인터프리터의 동작을 전체적으로 표현해 본다면 다음과 같습니다.

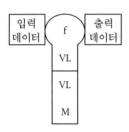

베이식(BASIC, B로 생략해서 표기) 언어로 작성된 프로그램은 가상 머신에서 실행할 수 있는 목적 프로그램으로 컴파일된 뒤에 인터프리터가 실행하는 형태를 갖게 됩니다. 이를 그림으로 나타내면 다음과 같습니다.

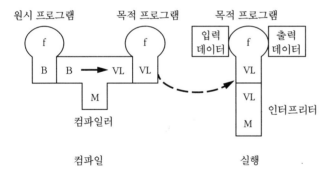

이와 같은 방식을 컴파일러-인터프리터 방식이라고 부릅니다. 이 방식의 장점은 컴파일러 개발이 간단해진다는 것입니다. 물론 인터프리터도 개발해야 하기는 하지만, 인터프리터는 컴파일러에 비해 굉장히 쉽게 개발할 수 있습니다. 하지만 이러한 방식은 목적 프로그램의 실행 속도가 느리다는 단점이 있습니다.

이러한 방식과 이전 방식 모두 실행을 위해서는 입출력과 라이브러리를 읽어 들이는 등의 과정이 필요합니다. 이처럼 원시 프로그램 컴파일부터 실행까지 필요한 모든 시스템을 합친 것을 언어 처리 시스템(language processor)이라고 부릅니다. 단순하게 처리 시스템(processor)이라고 부르기도 합니다.

원시 프로그램 수준에서 미리 어떤 처리(전처리)를 하는 변환 시스템을 전처리 시스템(preprocessor)이라고 부릅니다. 예를 들어 C++ 언어의 원시 프로그램을 C 언어 프로그램으로 변환하고, 이어서 C 언어 컴파일러를 사용해서 목적 프로그램으로 변환하는 시스템이 있다고 합시다. 이때 C++에서 C로 변환하는 시스템이 전처리 시스템입니다. 그림으로 나타내 보면 다음과 같습니다.

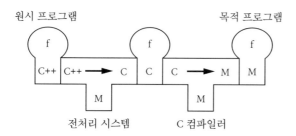

이 책에서는 PL/0′라는 작은 프로그래밍 언어를 처리하는 컴파일러-인터프리터 방식의 언어 처리 시스템을 함께 살펴봅니다. 이는 C 언어로 작성되어 있습니다. 이러한 언어 처리 시스템을 컴퓨터 위에서 동작하게 하려면, 해당 컴퓨터의 C 컴파일러가 필요합니다. 따라서 PL/0′의 처리 시스템을 전체적으로 정리해 본다면 다음과 같습니다.

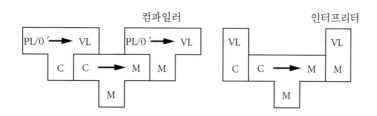

연습 문제

1. 어떤 머신 M_1에서 동작하는 컴파일러를 사용해서 다른 머신 M_2에서 동작

하는 목적 코드를 생성하는 컴파일러를 크로스 컴파일러라고 부릅니다. L 이라는 언어로 작성된 어떤 프로그램이 크로스 컴파일되는 형태를 이번 장에서 살펴본 표기 방법으로 그려 보세요.

2. 원시 언어를 L로 하고, 가상 머신 언어 VL을 목적 언어로 하는 컴파일러가 해당 가상 머신 언어로 작성되어 있다고 합시다. 실제 머신 M 위에 L 언어의 처리 시스템을 구현한다면, VL 언어의 인터프리터가 있어야 할 것입니다. 이러한 처리 시스템을 이번 장에서 살펴본 표기 방법으로 그려 보세요.

2장

컴파일러의 간단한 예

이번 장에서는 컴파일러의 동작과 관련된 내용을 간단하게 설명합니다. 본격적인 설명으로 들어가기 전에 ab+처럼 연산자를 식의 뒤에 두는 후위 표기법을 알아보고, 컴파일러 내부에서 많이 사용되는 스택의 원리를 알아봅니다. 이어서 하나의 할당문이 컴파일되는 예를 통해 컴파일러 실행 과정을 살펴봅니다. 그리고 일반적인 컴파일러의 낱말 분석, 구문 분석, 중간 언어 생성, 최적화, 목적 코드 생성 등으로 이루어지는 컴파일러의 논리적 구조를 알아보고, 마지막으로 1패스 컴파일러와 멀티패스 컴파일러 등의 물리적 구조를 알아보겠습니다.

2.1 후위 표기법

컴파일러의 간단한 예를 설명하기 전에 해당 예에서 사용되는 후위 표기법 (postfix notation)에 대해 알아보겠습니다. 후위 표기법은 연산자를 뒤에 두는 표기법입니다.

예를 들어 일반적으로 a와 b를 더하는 식은 다음과 같이 연산자를 중간에 두는 형태로 나타냅니다.

a+b

이러한 표기를 중위 표기법(infix notation)이라고 부릅니다. 후위 표기법은 다음과 같이 연산자를 뒤에 나타내는 표기법입니다.

ab+

참고로 다음과 같이 연산자를 앞에 두는 형태는 전위 표기법(prefix notation)이라고 부릅니다.

+ab

전위 표기법은 폴란드의 논리학자 얀 우카시에비치(Jan Łukasiewicz)가 명제 논리를 단순화하기 위해 고안한 방법이라고 해서 **폴란드 표기법**(polish notation)이라고 부르기도 합니다. 후위 표기법은 연산자를 반대로 두므로 **역 폴란드 표기법**(reverse polish notation)이라고 부르기도 합니다.

컴파일러 분야에서는 전위 표기법을 거의 사용하지 않고 후위 표기법을 많이 사용하므로 역 폴란드 표기법을 단순하게 폴란드 표기법이라고 부르는 경우도 많습니다.

참고로 후위 표기법은 한국어의 어순과 비슷하다고 할 수 있습니다. 한국어는 동작을 나타내는 서술어가 가장 마지막에 위치합니다. 예를 들어 다음 문장은 'a와 b를 더한다'라고 읽을 수 있는데, '더한다'가 마지막에 오기 때문에 후위 표기법과 한국어의 어순은 비슷합니다.

ab+

조금 더 복잡한 식으로 다음과 같은 식을 살펴봅시다.

a*b+c*d+e*f

이를 후위 표기법으로 표기하면 다음과 같습니다.

ab*cd*+ef*+

조금 쉽게 볼 수 있게 괄호를 치면 다음과 같습니다.

((ab*)(cd*)+)(ef*)+

이를 풀어 보면 '((ab 곱하고), (cd 곱한 뒤), 앞의 두 개를 더하고), (ef 곱하고), 앞의 두 개를 더한다'라고 할 수 있는데 한국어로 쉽게 순서대로 읽을 수 있습니다. 이러한 읽는 방법에서 알 수 있듯이 후위 표기법으로 작성된 식의 값을 구할 때는 단순하게 왼쪽에서 오른쪽으로 차례대로 계산하기만 하면 됩니다. 중위 표기법은 그렇지 않은데 앞의 식에서 다음 부분을 생각해 봅시다.

+c*d

이는 오른쪽을 곱한 뒤 왼쪽의 것과 더하라는 의미입니다. 연산자의 표기 순서와 실제 연산 순서가 다릅니다.

후위 표기법에서는 다음과 같이 '곱한 뒤 더한다'는 것이 확실하게 순서대로 옵니다. 따라서 왼쪽부터 그냥 계산하기만 하면, 연산자의 우선순위도 고려할 필요 없이 계산할 수 있습니다.

cd*+

예를 들어 다음과 같은 식은 'c의 값과 d의 값을 곱한다'라고 읽을 수 있습니다.

cd*

또한 다음과 같은 식이 있다면 덧셈을 할 때는 이미 왼쪽부터 모든 값이 계산된 상태이므로 우선순위를 고려하지 않고 계산할 수 있습니다.

ab*cd*+

이러한 특성은 컴퓨터가 내부적으로 연산을 할 때도 좋습니다. 후위 표기법으로 작성된 식은 그냥 앞부터 차례대로 계산하기만 하면 되기 때문입니다. 물론 컴퓨터마다 설계가 다를 수 있으므로 이러한 후위 표기법이 무조건 모든 컴퓨터에서 좋다고 할 수는 없습니다.

그럼 이러한 후위 표기법의 식을 그대로 계산할 수 있는 가상 머신을 만들어 보도록 합시다. 스택을 사용해서 계산하게 되는데, 스택과 관련된 내용은 다음

절에서 설명하겠습니다.[1]

중위 표기법의 식을 후위 표기법으로 변경하는 것은 그렇게 어렵지 않습니다. 변환 방법을 간단하게 정리해 보겠습니다.

일반적으로 중위 표기법의 식은 다음과 같은 형태입니다.

식1 연산자 식2

여기에서 '식1'과 '식2'는 또 내부적으로 중위 표기법의 형태를 가질 수 있습니다. 간단한 경우는 이전 예에서 a와 b처럼 단순한 숫자로 구성될 수도 있습니다. 만약 어떤 식의 결과를 P()라는 함수로 나타낸다면 식을 후위 표기법으로 변경한 결과는 P(식1 연산자 식2)로 작성할 수 있으며 이는 다음과 같습니다.

P(식1) P(식2) 연산자

즉 '식1'의 후위 표기 뒤에 '식2'의 후위 표기, 마지막으로 연산자가 있는 형태입니다. 만약 식이 단순한 숫자(피연산자)라면 중위 표기법으로 표현한 것과 후위 표기법으로 표현한 것이 같습니다. 지금까지의 내용을 정리해 보면 다음과 같이 됩니다.

$$P(식1 \ 연산자 \ 식2) = P(식1) \ P(식2) \ 연산자 \tag{2.1}$$

$$P(피연산자) = 피연산자 \tag{2.2}$$

이를 중위 표기법의 식을 후위 표기법의 식으로 변환하는 알고리즘이라고 생각해도 됩니다. 예를 들어 a*b+c*d로 생각해 보면 다음과 같이 됩니다.

---

1 (옮긴이) 역자는 과거에 대학교에서 컴파일러를 공부할 때 '그냥 단순한 계산기 프로그램 만드는 것 같은데 이걸 왜 컴파일러 시간에 하는 것일까?' 하는 생각을 하면서 후위 표기법 계산기를 만들었던 적이 있습니다. a+b라는 식을 단순하게 a+b로 계산한다면 이는 그냥 단순한 계산기 프로그램입니다. 하지만 a+b라는 식을 원시 언어로 보고 ab+라는 식을 목적 언어로 본다면 이 프로그램은 컴파일러라고 할 수 있습니다. 기계어로 변환하는 것이 아니고 후위 표기법이라는 중간 언어로 변환하는 것이므로 '가상 머신 언어를 목적 언어로 하는 컴파일러'라고 할 수 있습니다. 또한 그렇게 만들어진 ab+를 읽어 들이고 실행하는 프로그램은 중간 언어를 읽어 들이고 실행하는 인터프리터라고 볼 수 있습니다. 따라서 '중위 표기법을 후위 표기법으로 변환하고 실행하는 프로그램'은 '단순한 계산기'를 넘어서 '컴파일러와 인터프리터가 결합된 언어 처리 시스템'이라고 볼 수 있습니다. 그래서 이러한 예제가 컴파일러 공부의 첫 번째 예제로 사용되는 것입니다. 이를 개발함으로써 언어 처리 시스템의 토대가 만들어진다고 할 수 있으므로 이를 기반으로 계속해서 컴파일러와 관련된 개념을 확장할 수 있게 되는 것입니다.

$$P(a*b+c*d) = P(a*b)P(c*d)+$$
$$= P(a)P(b)*P(c)P(d)*+ = ab*cd*+$$

중위 표기법의 식을 입력하면 후위 표기법의 식을 출력하는 프로그램에서는 피연산자를 입력(인식)했을 때 이를 그대로 출력하고(앞의 식 (2.2)일 때), **식1 연산자 식2**를 인식하면 (2.1)에 따라서 '식1'의 후위 표기와 '식2'의 후위 표기를 출력한 뒤 연산자만 출력하면 됩니다.

2.2 스택

스택(stack)은 '쌓는다'는 의미의 영어 단어입니다. 스택은 나중에 넣은 것이 먼저 나오는(Last-In First-Out 또는 후입선출) 특성을 갖습니다. 이러한 특성은 책을 상자 안에 넣은 것으로 비유하는 경우가 많습니다. 상자에 먼저 넣은 책일수록 아래에 깔리고 나중에 넣은 책일수록 위에 놓입니다. 그리고 상자에 넣은 책을 다시 모두 꺼낸다면, 나중에 넣은 책이 위에 있어서 먼저 꺼내게 되고, 먼저 넣은 책이 아래에 있어서 나중에 꺼내게 되는 형태가 바로 후입선출입니다. 이러한 특성을 갖는 스택은 컴파일러 내부에서 굉장히 다양한 곳에 활용됩니다.

예를 들어 스택은 중첩된 괄호들의 구조를 분석하는 데도 활용됩니다. 예를 들어 다음과 같은 괄호가 있다고 합시다.

((( ) ( )) (( )))

어떤 왼쪽 괄호와 어떤 오른쪽 괄호가 대응되는지 분석하려면 괄호를 왼쪽부터 차례대로 확인하고 왼쪽 괄호를 만났을 때 스택에 넣고, 오른쪽 괄호를 만났을 때 스택에 넣은 왼쪽 괄호(스택에 남아 있는 왼쪽 괄호 중에 가장 마지막에 넣은 왼쪽 괄호)를 스택에서 제거합니다. 대응 결과를 확인할 수 있게 왼쪽 괄호에 번호를 붙이고, 그 왼쪽 괄호에 대응되는 오른쪽 괄호에 같은 번호를 붙이겠습니다. 이러한 분석 과정을 그림으로 나타내면 다음과 같습니다.

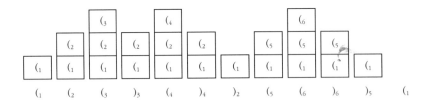

그림을 살펴봅시다. 왼쪽에서 오른쪽으로 차례대로 문자열을 읽습니다. 일단 $($₁을 읽고 스택에 넣습니다. 이어서 $($₂를 읽고 스택에 넣습니다. 이어서 $($₃을 읽고 스택에 넣습니다. 이어서 $)$를 읽고 $($₃과 대응한다고 판단해서 $($₃을 스택에서 제거합니다. 이를 반복하는 것입니다.

이러한 괄호 구조는 다음과 같은 트리 구조로 생각할 수도 있습니다.

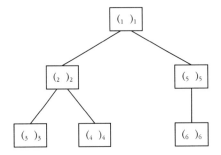

이처럼 스택은 트리 구조를 분석할 때 적합합니다. 스택은 방금 설명했던 괄호를 분석해서 트리 구조를 만들 때도 사용할 수 있으며, 반대로 이러한 트리 구조가 주어졌을 때 이를 분석할 때도 사용할 수 있습니다.

트리 구조의 루트(root)부터 순회할 때 현재 어디에 있는지 트리부터 해당 위치까지 방문했던 노드(node)를 스택에 넣어서 표현할 수 있습니다. 예를 들어 다음과 같이 순회했다면,

스택을 사용해서 다음과 같이 표현할 수 있습니다.

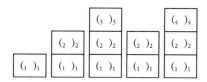

트리 구조를 순회할 때는 일반적으로 노드를 앞서와 같이 루트에서 리프(위에서 아래로), 왼쪽에서 오른쪽 순서로 순회합니다. 위의 스택을 화살표로 표현한다면 다음과 같습니다.

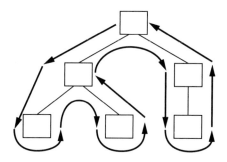

그러면 트리 구조와 이전에 설명했던 전위 표기법, 후위 표기법은 어떤 관계가 있는지 살펴봅시다. 위 그림의 순회 방법으로 순회한다면 트리에서 하나의 노드는 일반적으로 다음과 같이 3회 방문합니다.

트리 구조로 만든 식에 대해 이처럼 3회 방문할 때에 노드의 내용을 출력하면 후위 표기법이 되며, 1회 방문할 때 노드의 내용을 출력하면 전위 표기법이 됩니다. 이는 다음을

$$P(\text{식1 연산자 식2}) = P(\text{식1})\ P(\text{식2})\ \text{연산자} \qquad (2.3)$$

$$P(\text{피연산자}) = \text{피연산자} \qquad (2.4)$$

트리 구조에 적용해 보면 알 수 있습니다. '식1 연산자 식2'를 다음과 같은 트리 구조로 나타내면,

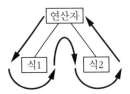

이러한 트리에 대한 후위 표시법은 '식1'과 '식2'를 순회하면서 출력하고, 마지막에 연산자를 출력해서 얻을 수 있습니다. 이렇게 하면 'P(식1) P(식2) 연산자' 순서로 순회하므로 (2.3)과 같은 순서로 출력됩니다.

예를 들어 a*b+c*d를 트리 구조로 표현하면 다음과 같습니다.

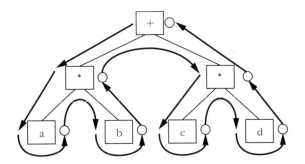

이를 원 기호가 있는 위치에서 해당 노드를 출력한다고 하면 다음과 같이 나옵니다.

ab*cd*+

후위 표기법의 식을 계산할 때에도 스택을 사용합니다. 후위 표기법의 식도 괄호 구조를 보았을 때와 비슷한 형태로 생각할 수 있습니다. 예를 들어 3 5*2 6*+를 다음과 같이 괄호로 묶어 보겠습니다.

((3 5*)(2 6*)+)

이렇게 하면 연산자 오른쪽에 괄호가 붙어 있으며, 그 왼쪽에는 2개의 피연산

자(연산 결과도 피연산자가 됩니다)의 왼쪽에 괄호가 붙어 있는 형태가 됩니다. 이를 스택으로 계산하면 다음과 같이 됩니다.

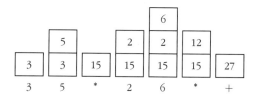

피연산자를 읽으면 스택에 쌓고 연산자를 읽으면 스택에 있는 숫자 2개를 꺼내서 연산자로 연산하면 됩니다.

중위 표기법의 식을 후위 표기법의 식으로 변환할 때도 스택을 사용할 수 있습니다. 중위 표기법의 식도 괄호 구조를 하고 있다고 생각하면 쉽습니다. 예를 들어 a*b+c*d는 다음과 같이 생각해 볼 수 있습니다.

((a*b)+(c*d))

이러한 괄호 구조의 특징을 정리해 보면 다음과 같습니다.

(1) 식의 왼쪽 끝에 왼쪽 괄호가 있고 오른쪽 끝에 오른쪽 괄호가 있다.
(2) *과 +처럼 다른 연산자가 피연산자를 두고 있으면, 연산의 우선순위가 더 높은 연산자(+보다 *가 높음)를 감싸는 괄호가 있다.

예를 들어 위의 예에서 *b+의 경우, *를 감싸는 괄호가 있어서 (*b)+가 됩니다. +c*의 경우도 +(c*)이 됩니다. 또한 *와 + 연산자는 왼쪽 결합성을 가집니다. 따라서 다음과 같이 되며,

a+b+c = ((a+b)+c)

왼쪽에 있는 +는 오른쪽에 있는 +보다 우선순위가 높습니다.

그런데 이전에 중위 표기법과 후위 표기법의 대응 관계는 다음과 같이 나타냈었습니다.

P(식1 연산자 식2) = P(식1) P(식2) 연산자 (2.5)

P(피연산자) = 피연산자   (2.6)

따라서 중위 표기법의 식을 읽어 들이고 후위 표기법의 식을 출력하는 알고리즘은 다음과 같이 표현할 수 있습니다.

중위 표기법의 식을 왼쪽부터 읽어 들이면서

- 피연산자를 읽었다면 그대로 출력합니다.
- 연산자를 읽어 들었다면 연산자를 스택에 넣고 해당 연산자의 오른쪽에 있는 피연산자(예를 들어 (2.5)의 '식2')를 모두 읽어 들이고 나서 연산자를 스택에서 꺼내서 출력합니다.

'오른쪽의 피연산자'는 일반적으로 식입니다. 예를 들어 a+b*c+d의 경우, 괄호를 붙여 나타내면 다음과 같이 되므로

((a+(b*c))+d)

이 식의 가장 처음 연산자인 +의 오른쪽에 있는 피연산자는 (b*c)가 됩니다. 이를 모두 읽어 들였다는 것을 판난할 수 있을 때는 +보다 우선순위가 낮은 두 번째 +를 읽어 들일 때입니다. 이 예의 경우 괄호 구조와 우선순위와의 관계를 다음과 같이 나타낼 수 있습니다(우선순위 관계를 대소 관계로 나타냈습니다).

일단 (a+b*c+d
(<+이므로 ((a+b*c+d
+>*이므로 ((a+(b*c+d
*>+이므로 ((a+(b*c)+d
+>+이므로 ((a+(b*c))+d
최종적으로 오른쪽 괄호를 읽으면 + >)이므로 ((a+(b*c))+d

이를 기반으로 알고리즘을 만들 수 있습니다.

스택에 왼쪽 괄호(어떤 연산자보다도 우선순위가 낮은 연산자)를 넣습니다. 중위 표기법의 식을 왼쪽부터 읽습니다.

- 피연산자를 읽었다면 그대로 출력합니다.
- 연산자를 읽었다면 스택에 있는 연산자 중에 현재 읽은 연산자보다 우선순위가 높은 연산자가 있다면 이를 스택에서 빼서 출력하고 현재 읽은 연산자를 스택에 넣습니다. 다만 식이 종료되었을 때는 오른쪽 괄호(어떤 연산자보다 우선순위가 낮은 연산자)를 읽습니다.

예를 들어 a+b*c+d에 위의 알고리즘을 적용한다면 다음과 같습니다.

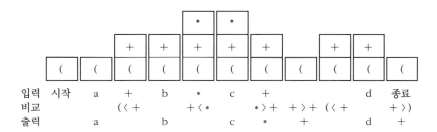

입력	시작	a	+	b	*	c	+		d	종료
비교			(〈 +		+ 〈 *		*〉+	+〉+	(〈 +		+〉)
출력		a		b		c	*	+		d	+

따라서 다음과 같은 출력을 얻을 수 있습니다.

a b c*+d+

2.3 간단한 컴파일러의 예

컴파일러의 내부 구조와 각 부분의 기능을 이해할 수 있게 원시 프로그램 문장 하나가 어떤 형태로 목적 프로그램으로 변환되는지 추적해 봅시다. 간단하게 살펴볼 수 있게 목적 계산기는 스택을 가진 가상 계산기로 가정하겠습니다.

예를 들어 다음과 같은 파스칼 프로그램의 할당문 부분을 살펴봅시다.

```
program example;
var abc, e3, fg: real;
begin
    abc := e3*2.56+abc/e3;
end
```

할당 기호 :=도 연산자라는 것을 생각해 보면 코드의 문장을 후위 표기법으로

변환할 경우 다음과 같이 됩니다.

abc e3 2.56 * abc e3 / + :=

이러한 식을 계산하는 데 적합한 가상 계산기로 '스택을 가진 머신'[2]이 있습니다. 이 머신으로 식에 대응되는 다음과 같은 기계어 프로그램을 실행할 수 있다고 해 봅시다.

```
LoadAddr   100      abc
LoadValue  104      e3
LoadValue  200      2.56
Operation  5        *
LoadValue  100      abc
LoadValue  104      e3
Operation  6        /
Operation  3        +
Operation  1        :=
```

지금부터 컴파일러의 동작을 설명하면서 이러한 기계어의 의미를 차근차근 설명하겠습니다.

원시 프로그램은 일반적으로 하나의 파일에서 원시 프로그램을 한 줄씩 읽고 그 문자열을 컴파일합니다.

간단히 설명하기 위해 현재 컴파일러는 변수 선언 부분까지 이미 분석했으며, 이제 할당문 분석을 시작했다고 합시다. 컴파일러는 이미 변수 선언을 분석한 결과로 다음과 같은 변수 이름, 변수의 형태, 변수의 주소를 정리한 표(일반적으로 심벌 테이블이라고 부릅니다)를 컴파일러 내부에 저장했습니다.

심볼 테이블 (1)

0	abc	real	100
1	e3	real	104
2	fg	real	108

2 (옮긴이) '스택 머신'이라고 부릅니다. 8장에서 자세하게 다룹니다.

컴파일러가 컴파일할 할당문을 다음과 같은 문자열로 읽어 들입니다.

abc := e3*2.56+abc/e3;

컴파일러는 이러한 문자열을 왼쪽에서 오른쪽으로 한 문자씩 분석합니다. 일단 공백 문자가 있지만, 공백 문자는 아무런 의미가 없으므로 읽고 버립니다. 공백 문자가 아닌 첫 번째 문자 a를 읽고 이름의 시작이라는 것을 알 수 있으며 이어서 b, c, 공백 문자를 읽음으로써 abc가 하나의 이름이라는 것을 알 수 있습니다. 이러한 변수 이름을 이전에 만들었던 심벌 테이블에서 찾습니다. 이로써 abc가 심벌 테이블의 0번째에 있고 자료형은 real이고 주소는 100번지에 있다는 것을 알 수 있습니다. 일단 세부적인 정보는 이후에 자세하게 다루는 것으로 하고, abc를 심벌 테이블 (1)의 0번째에 있다는 것을 나타내기 위한 목적으로 (1, 0)이라는 기호로 표기하겠습니다.

이전 절의 알고리즘을 보면 이때 abc를 출력하게 했으므로 결과는 다음과 같이 됩니다.

출력   (1, 0)

이어서 :를 보고 바로 뒤의 =도 보고 나면 :=가 할당 기호라는 것을 알 수 있습니다. 이를 (8, 1)이라는 기호(8은 연산 기호, 1은 연산 기호 중에서 할당 기호를 나타낸다고 하겠습니다)로 해서 이전 절의 알고리즘에 따라 스택에 넣습니다(스택에는 할당 기호를 나타내는 1을 넣었습니다).

| 1 |
| (|

마찬가지로 e3를 읽어 들이고 (1, 1)을 출력합니다. 그리고 *을 (8, 5)라는 기호로 스택에 넣습니다.

출력   (1, 0)(1, 1)

| 5 |
| 1 |
| (|

연산 기호 5의 우선순위가 기호 1의 우선순위보다도 높으므로 곧바로 넣는 것입니다.

이어서 **2.56**을 확인하면서 이것이 상수라는 것을 이해하고, 계산기 내부 표현(부동소수점 표현)의 숫자인 2.56으로 변경해서[3] 상수 테이블(두 번째 테이블)에 적습니다. 이때 기호는 (2, 0)으로 출력합니다. 참고로 상수 테이블 내부의 200은 실행 때에 해당 데이터를 200번지에 배치할 것이라는 의미입니다.

출력 (1, 0) (1, 1) (2, 0)

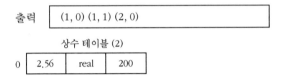

상수 테이블 (2)

0	2.56	real	200

이어서 +를 기호 (8, 3)으로 스택의 앞에 있는 연산 기호 5의 우선순위와 비교한 뒤 이를 스택에서 꺼내 출력합니다.

출력 (1, 0) (1, 1) (2, 0) (8, 5)

그리고 연산 기호 1과 비교한 뒤 3을 스택에 넣습니다.

```
3
1
(
```

이어서 abc는 (1, 0)으로 출력하고 다음 / 기호 (8, 6)의 우선순위는 3(+)보다 높으므로 연산 기호 6을 스택에 넣습니다.

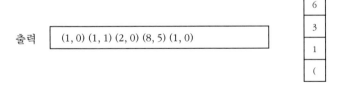

출력 (1, 0) (1, 1) (2, 0) (8, 5) (1, 0)

```
6
3
1
(
```

---

3 (옮긴이) 파일에서 읽어 들인 '2.56'은 문자열이므로 이를 부동소수점 숫자 표현으로 변경하려면 추가적인 처리가 필요한 것입니다.

마지막으로 e3를 읽고 (1, 1)을 출력한 뒤 ;를 읽고 연산 기호 6, 3, 1을 차례대로 스택에서 꺼내 출력합니다.

출력 | (1, 0) (1, 1) (2, 0) (8, 5) (1, 0) (1, 1) (8, 6) (8, 3) (8, 1) |

최종적인 출력은 다음과 같습니다.

abc e3 2.56 * abc e3 / + :=

이를 기반으로 가정하고 있는 가상 계산기의 기계어로 변환한다면 왼쪽부터 하나씩 읽으면서 다음과 같은 명령을 만들어 내면 됩니다.

- (1, n)이라면 변수 테이블의 n번째에서 주소 a를 추출합니다: LoadValue a 또는 LoadAddr a
- (2, n)이라면 상수 테이블의 n번째에서 주소 a를 추출합니다: LoadValue a
- (8, n)이라면 Operation n

이때 LoadAddr a는 할당문 앞부분이 변수(왼쪽 피연산자가 변수)일 때 적용됩니다. LoadAddr a는 주소 a를 그대로 스택에 넣는 명령입니다. LoadAddr a는 a 번지의 내용(값)을 스택에 넣는 명령입니다. Operation n은 스택 위에 있는 2개의 값을 꺼내고 계산 n을 실행한 뒤 해당 결과를 스택에 넣는 명령입니다. n = 3, 5, 6일 때 각각 더하기, 곱하기, 나누기를 나타냅니다. 다만 n = 1은 스택 위의 값을 스택에 넣었던 번지에 할당하는 명령입니다.

  이상으로 처음에 생각했던 목적 프로그램이 만들어졌습니다.

2.4 컴파일러의 이론적 구조

이전 절에서 간단한 컴파일러의 예를 보았습니다. 좀 더 일반적인 컴파일러의 구조는 그림 2.1과 같습니다. 각각의 요소에 대해 살펴봅시다.

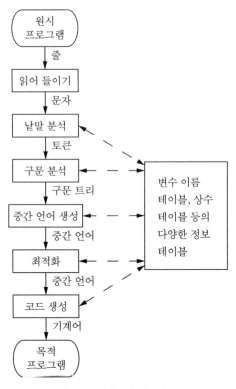

그림 2.1 컴파일러의 이론적 구조

2.4.1 읽어 들이기

일반적으로 원시 프로그램을 파일로부터 한 줄씩 읽습니다. 이전 절에서 설명 했던 예에서 다음과 같은 줄을 읽는 것을 의미합니다.

abc := e3 * 2.56 + abc / e3 ;

2.4.2 낱말 분석

읽어 들인 원시 프로그램 문자열을 한 글자씩 살펴보면서 프로그래밍 언어의 기본 요소로 구분합니다. 이전 예를 예로 들면 다음과 같이

<u>abc</u> <u>:=</u> <u>e3</u> <u>*</u> <u>2.56</u> <u>+</u> <u>abc</u> <u>/</u> <u>e3</u> <u>;</u>

밑줄로 표시한 것처럼 요소를 구분하고 각각이 변수 이름인지, 상수인지, 연산

자인지 등을 구분하는 것입니다. 원시 프로그램의 문자열 한 줄은 하나의 문장(statement)입니다. 이는 자연 언어의 문장(sentence)과 대응될 수 있습니다.

자연 언어의 문장 내부에 있는 것들을 하나하나 낱말이라고 부르는 것처럼, 프로그램의 문장 내부에 있는 요소는 자연 언어 문장의 낱말과 대응됩니다. 그래서 이렇게 요소를 구분하는 과정을 **낱말 분석**(lexical analysis)이라고 부릅니다.

낱말 분석 결과는 이어지는 구문 분석으로 전달됩니다. 이때 결과는 단순한 문자열로 전달되지 않습니다. 예를 들어 abc라는 문자열은 변수 이름 테이블에 적히며, 전달된 것이 무엇인지 나타내는 기호(이전 예에서 (1, 0))가 함께 전달됩니다. 이러한 기호들을 이 책에서는 토큰(token)이라고 부르도록 하겠습니다.

2.4.3 구문 분석

단어들을 기반으로 문장이 어떻게 구성되어 있는지 알아내는 것을 **구문 분석**(syntax analysis 또는 parsing)이라고 부릅니다. 이전 절에서 abc := e3*2.56+abc/e3;를 다음과 같이 변환했습니다.

abc e3 2.56 * abc e3 / + :=

일단 e3 2.56 *(즉, e3*2.56)을 계산하고, 그다음에 abc e3 /(즉, abc/e3)를 계산하고, 이를 할당하는 순서로 계산해야 한다는 것을 나타냅니다. 이는 원래 할당문을 분석해서

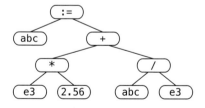

앞의 그림과 같은 형태로 구성되어 있다는 것을 알아낸 것입니다. 이처럼 구문 분석은 프로그램의 어떤 부분이 문법(구문 규칙)의 어떤 규칙에 대응되는지

분석해서, 프로그램이 문법적으로 올바른 형태를 하고 있는지 판정하는 것입니다.

구문 분석의 입력은 이전 절에서 설명한 토큰입니다. 그리고 구문 분석의 결과는 어떤 중간 언어로서 표현됩니다. 이전에 살펴봤던 간단한 컴파일러에서는 곧바로 목적 프로그램과 굉장히 비슷한 형태로 만들었지만, 일반적으로 중간 단계로서 위의 그림과 같은 트리(구문 트리(syntax tree) 또는 추상 구문 트리(abstract syntax tree)라고 부릅니다)의 형태로 만들어 냅니다.

2.4.4 중간 언어 생성

구문 트리는 프로그램의 구조를 나타냅니다. 이를 기반으로 중간 언어의 열 (sequence)[4]을 만들어 내야 합니다. 예를 들어 이전 예는 다음과 같은 중간 언어의 열로 변환됩니다.

```
(*,   e3,  2.56, T₀)
(/,   abc, e3,   T₁)
(+,   T₀,  T₁,   T₂)
(:=,  T₂,   ,    abc)
```

이는 '4개 한 쌍'이라고 부르는 형태입니다. 예를 들어 (*, e3, 2.56, T_0)는 e3*2.56의 연산 결과를 T_0에 넣으라(또는 T_0라고 부른다)는 의미입니다. 실제로 컴파일러에서는 이전 절의 구문 분석을 하면서 동시에 이러한 중간 언어를 만들어 냅니다. 참고로 중간 언어를 구성하는 e3, 2.56, T_0는 내부적으로 부호 등으로 기호화된 형태로 표현됩니다.

중간 언어로서 RTL(Register Transfer Language)이라고 부르는 것도 있습니다. 이는 가상 계산기의 명령어를 의미합니다. 다만 실제 계산기처럼 레지스터를 가진 머신을 가정하는 것입니다. 명령어가 레지스터와 주고받는 것들이 대부분이므로 Register Transfer Language라고 부르는 것입니다.

컴파일러에 따라서 다양한 종류의 중간 언어를 사용하는 경우도 있습니다.

---

4 (옮긴이) '열'이라는 단어가 익숙하지 않을 수 있는데, 어떤 것이 순서대로 뭉친 것을 '열'이라고 표현합니다. 문자가 일렬로 뭉친 것을 문자열, 비트가 일렬로 뭉친 것을 비트열, 기호가 일렬로 뭉친 것을 기호열이라 합니다. 중간 언어 덩어리가 일렬로 뭉친 것이 중간 언어의 열입니다.

예를 들어 구문 분석 시에는 구문 트리를 표현하는 중간 언어를 사용하고, 최적화할 때는 머신에 의존하지 않는 RTL과 같은 중간 언어를 사용하기도 합니다.

2.4.5 최적화

최적화(optimization)란 목적 프로그램을 실행할 때 효율을 좋게 만드는 것입니다. 최적화를 위해 중간 언어로 만들어진 결과 중에서 의미 없는 것들을 없애기도 하고 순서를 변경하기도 합니다. 참고로 이름이 최적화이지만 사실상 **효율이 가장 좋은(최적의)** 목적 프로그램을 만드는 것은 불가능합니다. 최적에 가깝게 만드는 것을 최적화라고 생각해 주세요.

최적화는 중간 언어 레벨에서뿐만 아니라 구문 트리 레벨에서도 합니다. 또한 중간 언어를 목적 코드로 변경하는 때 하기도 하고, 생성된 목적 코드를 가지고 하기도 합니다.

2.4.6 목적 코드 생성

중간 언어의 프로그램을 기반으로 기계어 목적 프로그램을 생성합니다. 만들어진 목적 프로그램은 일반적으로 파일로 출력됩니다.

파스칼처럼 메인 루틴에서 서브 루틴까지 프로그램 실행에 필요한 모든 것을 한꺼번에 컴파일할 수도 있습니다. 이때는 목적 프로그램과 실행 때의 루틴을 모두 결합해서 곧바로 실행할 수 있는 상태로 만듭니다.

또한 C와 포트란처럼 메인 루틴과 서브 루틴을 따로따로 컴파일할 수도 있습니다. 이때는 목적 프로그램들을 여러 파일로 출력하고, 링커(linker) 또는 링키지 에디터(linkage editor)라고 부르는 소프트웨어를 사용해서 하나의 실행 가능한 프로그램으로 합칩니다.

지금까지 컴파일러의 논리적 구조에 대해 살펴보았습니다. 논리적 구조란 컴파일러의 일을 이와 같은 논리적 요소로 구분해서 생각할 수 있다는 의미입니다. 실제 컴파일러는 이렇게 구성되지 않습니다. 이와 관련된 내용은 다음 절에서 다루겠습니다.

컴파일러가 이와 같은 논리적 구조를 따라서 동작한다고 생각할 때 각 단계를 **페이즈**(phase)라고 부릅니다. 2.4.1~2.4.3의 페이즈는 주어진 원시 프로그램을 분석(analysis)하는 페이즈이며, 2.4.4~2.4.6의 페이즈는 분석 결과를 기반으로 목적 프로그램을 만드는(synthesis: 합성) 페이즈입니다. 다만 대충 이렇다는 것이지, 최적화 페이즈에서 최적화를 위한 분석을 하는 경우도 있습니다.

2.5 컴파일러의 물리적 구조

이전 절에서 컴파일러의 논리적 구조를 살펴보았습니다. 하지만 실제 컴파일러는 이러한 구조를 갖지 않습니다. 이를테면 최적화 페이즈가 없는 경우도 있고 순서가 다른 경우도 있습니다. 예를 들어 낱말 분석과 구문 분석만으로 생각해 보겠습니다. 어떤 컴파일러 A는 우선 낱말 분석 루틴을 호출해서 원시 프로그램 전부를 기호열로 변환한 뒤 구문 분석 루틴을 실행할 수 있습니다. 반면 어떤 컴파일러 B는 일단 구문 분석 루틴을 호출하고 구문 분석 루틴 내부에서 낱말 분석을 서브 루틴으로서 호출하면서 구문별로 기호를 추출할 수도 있습니다.

일반적으로 원시 프로그램은 여러 루틴에 의해 중간 형태의 프로그램으로 변환됩니다. 또한 이러한 중간 형태의 프로그램들이 다른 여러 루틴에 의해 다음 단계의 중간 형태의 프로그램으로 변환됩니다. 이러한 과정이 반복되면서 최종적인 목적 프로그램으로 변환됩니다. 이때 한 단계에서 다른 단계로 변환될 때 사용되는 여러 루틴들을 하나의 집합으로서 **패스**(pass)라고 부릅니다.

방금 설명했던 컴파일러 A는 낱말 분석 루틴과 구문 분석 루틴이 다른 패스에 들어 있는 것입니다. 반면 컴파일러 B는 낱말 분석 루틴과 구문 분석 루틴이 같은 패스에 들어 있는 것입니다. 컴파일러의 이러한 구조(이와 같은 실질적인 구조를 물리적 구조라고 부르겠습니다)를 정리하면, 그림 2.2와 같습니다.

1패스 컴파일러는 논리적 구조의 모든 페이즈를 하나의 패스에서 처리하는 컴파일러를 의미합니다. 이러한 1패스 컴파일러는 일반적으로 최적화 페이즈가 없습니다. 그림으로 나타내면 그림 2.3과 같습니다.

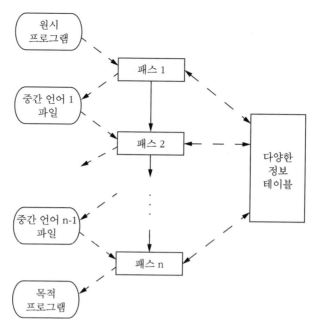

그림 2.2 컴파일러의 물리적 구조

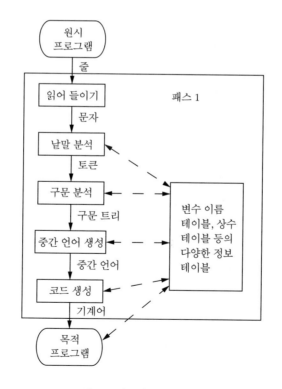

그림 2.3 1패스 컴파일러의 구조

1패스 컴파일러의 경우 중심적인 역할을 구문 분석 루틴이 합니다. 즉, 구문 분석 루틴이 낱말 분석 루틴을 호출해서 기호를 추출하고(낱말 분석 루틴이 추가로 읽어 들이기 루틴을 호출해서 문자를 추출하고), 분석한 결과를 중간 언어로 표현한 것을 코드 생성 루틴으로 전달해서 목적 코드를 생성합니다.

1패스 컴파일러는 컴파일 시간이 짧아서 프로그램 디버그 때에 사용하기 적합합니다. 따라서 디버깅을 주로 다루는 프로그래밍 교육에서 유용하게 사용됩니다. 하지만 생성되는 프로그램의 실행 효율이 좋지 않습니다. 실행 효율을 좋게 하려면 최적화를 중점적으로 해야 합니다. 이와 같은 컴파일러를 최적화 컴파일러라고 부릅니다. 최적화 컴파일러는 일반적으로 그림 2.4와 같은 최적화 패스를 추가로 갖습니다.

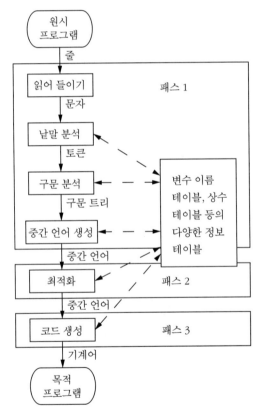

그림 2.4 최적화 컴파일러의 구조

그림 2.4는 3패스 컴파일러를 나타낸 것입니다. 최적화 패스는 그림 2.4처럼 1개만 있는 경우도 있지만 최적화할 수 있는 대상이 굉장히 많고 최적화 정도도 차이가 있을 수 있습니다. 최적화 효과를 높이려면 여러 추가적인 분석이 필요하므로 여러 최적화 패스들을 사용하는 경우도 많습니다. 그래서 컴파일러 개발에는 최적화 패스를 만드는 데 들어가는 노력이 가장 크다고 할 수 있습니다. 그래서 한 종류의 머신에서 작동하는 여러 언어를 컴파일할 수 있는 최적화 컴파일러를 개발할 때는 그림 2.4의 패스 1 부분(프런트엔드(front-end)라고 부릅니다)은 언어별로 개발하고, 패스 2와 패스 3 부분(백엔드(back-end)라고 부릅니다)은 공통으로 사용하기도 합니다.

컴파일러를 여러 개의 패스로 나누는 대표적인 이유는 메모리 부족입니다. 최근에는 메모리 가격이 싸져서 이러한 문제가 적어졌지만, 컴파일러가 메모리를 많이 사용할 경우 패스를 나눠야 합니다. 과거의 컴파일러는 메모리 부족 때문에 낱말 분석을 별도의 패스로 나누어 만들었고, 구문 분석 부분에서도 선언 구문 분석과 실행 구문 분석을 별도의 패스로 나누어 만들기도 했습니다.

컴파일러를 여러 패스로 나누는 추가적인 이유는 '언어의 사양이 복잡해서'입니다. 예를 들어 1960년대 후반에 만들어진 PL/I와 앨골(Algol) 68이라는 언어는 구문 분석을 하나의 패스로 끝낼 수 없었습니다. 하지만 이 이후에 설계된 언어들은 대부분 하나의 패스로 구문 분석까지 할 수 있게 고려되어 설계됐습니다.

컴파일러의 패스를 나누지 않고 끝낼 수 있게 해 주는 기법도 있습니다. 간단한 예로 goto 구문의 목적 코드를 만드는 경우를 생각해 보겠습니다. 예를 들어

```
    goto lab1
    ...
lab1: a := b;
```

컴파일러가 이러한 goto 구문을 처음 만나게 되면, 아직 lab1이라는 레이블(label)이 어디 있는지 모르므로 목적 코드를 만들 수 없습니다. 기계어로 점프

명령(jump 명령 또는 branch 명령이라고 부릅니다)을 출력하면 되는데 어디로 점프해야 하는지 모르기 때문입니다. 이러한 문제를 해결하려면 패스를 2개로 나누어서 다음과 같이 하면 됩니다.

(1) 첫 번째 패스에서 goto lab1을 만났을 때 lab1을 레이블 테이블에 등록하고, 목적 코드로 점프 명령을 출력합니다. 이때 점프 위치에 레이블 테이블의 레이블 번호를 넣어 둡니다. 이후 lab1 정의를 보았을 때 레이블 테이블의 lab1의 위치를 추가합니다.

(2) 다음 패스에서 점프 명령을 보면 레이블 테이블에서 점프 위치를 확인하고, 이를 명령의 점프 위치에 넣어 줍니다.

> **📦 어셈블리어의 예**
>
> 컴파일러의 목적 언어를 어셈블리어로 한다면 goto lab1의 목적 코드는 다음과 같이 됩니다.
>
> ```
> jump lab1
> ```
>
> 이러한 경우 컴파일러는 1개의 패스로 충분하지만, 기계어 명령이 실행되려면 실행 때 추가적인 패스가 필요합니다.[5] 따라서 결국 그대로 2개의 패스가 필요한 것입니다.

이를 하나의 패스로 하려면, ①goto lab1을 보았을 때 lab1을 레이블 테이블에 등록하고 목적 코드의 점프 명령이 존재하는 위치를 레이블 테이블에 넣어 두고, ②lab1의 정의를 보았을 때 목적 코드의 위치를 레이블 테이블의 lab1의 위치에 넣는(점프 명령의 위치 부분에 넣습니다) 방법을 사용합니다. 이 방법은 이전에 만든 점프 명령의 위치로 이후에 다시 돌아가 패치하므로 백패치

---

5 (옮긴이) lab1의 정확한 메모리 주소를 현재 상태에서는 알 수 없기 때문입니다.

(backpatch: 뒤로 돌아가서 패치)라고 부릅니다.[6] 일반적으로는 다음과 같이

```
      goto lab1
      ...
      goto lab1
      ...
      goto lab1
      ...
lab1: a := b;
```

패치해야 하는 위치가 여러 개 있으므로 이를 리스트로서 기억해 두는 것이 좋습니다.

연습 문제

1. 다음 중위 표기법의 식을 후위 표기법의 식으로 변환하세요.

    (1) a+b*c　　　(2) (a+b)*c+d　　　(3) a+b*c*(d+e)

    (4) a*b*c+d+e

2. 다음 후위 표기법의 식을 중위 표기법의 식으로 변환하세요.

    (1) ab+c*　　　(2) abc+*de/f+-　　　(3) abcde+*-/

    (4) ab-c/d+e*

3. 사칙 연산자, 괄호, 피연산자(피연산자는 a~z까지의 문자로 가정)로 이루어진 중위 표기법의 식을 읽고, 이를 후위 표기법의 식으로 변환하는 프로그램을 작성하세요.

4. 간단하게 사용할 수 있는 컴파일러를 사용해서 단순한 프로그램을 실행해

---

6 (옮긴이) 이전과 차이를 쉽게 느끼지 못할 수 있습니다. 2패스 방법은 ①을 끝낸 중간 언어 하나 그리고 ②를 끝낸 중간 언어 하나가 나옵니다. 두 개의 중간 언어가 생성되므로 2개의 패스가 사용된 것입니다. 반면 1패스 방법은 조금 더 풀어 보면, '(1)점프 명령을 출력하면서 (2)만들고 있는 중간 언어 위에서 점프 명령이 존재하는 위치를 기록해 두고 (3)레이블 정의를 만났을 때 (4)점프 명령이 있던 위치를 확인하고 (5)곧바로 중간 언어를 수정'하는 과정을 거칩니다. 따라서 중간 언어가 하나로 끝납니다. 그래서 1개의 패스만 사용된 것입니다.

원시 프로그램과 목적 프로그램을 비교해 보세요.[7] 또한 가능하면 해당 컴파일러의 구조를 확인해 보세요.

---

7 (옮긴이) 어떻게 하라는 것인지 이해하기 어려울 수 있는데, gcc 컴파일러의 경우 –S 옵션을 사용하면, 작성한 C 프로그램이 어떤 어셈블리 코드로 변환되는지 확인할 수 있습니다.

3장

문법과 언어

어떤 언어의 컴파일러를 만들려면 해당 언어의 확실한 정의가 필요합니다. 이
번 절에서는 프로그래밍 언어의 구문 규칙을 확실하게 정의하는 작성법으로
배커스 표기법과 구문 도식을 설명하고, 이러한 방법을 기반으로 문맥 자유 문
법(context-free grammar, CFG)과 그 언어의 형식적인 정의를 살펴보겠습니
다. 추가로 모호한 문법과 이에 대한 해결책을 살펴보겠습니다. 마지막으로 한
예로서 PL/0′의 문법을 구문 도식 형태로 살펴보겠습니다.

3.1 배커스 표기법

앨골 60은 1960년 프로그래밍 언어로서는 처음으로 국제적인 조직에 의해 개
발됐습니다(참고 문헌 [ALGOL 60]). 앨골 60은 **배커스 표기법**(Backus Naur
Form 또는 Backus Normal Form)으로 구문을 명확하게 정의했습니다. 이후
여러 프로그래밍 언어들의 구문 규칙이 배커스 표기법 또는 이를 확장한 기법
으로 작성됐습니다. 배커스 표기법으로 '식별자(identifier)' 또는 '이름'이라고
부르는 것을 정의하면 다음과 같습니다.

$$\langle 숫자 \rangle ::= 0 \mid 1 \mid 2 \mid 3 \mid 4 \mid 5 \mid 6 \mid 7 \mid 8 \mid 9 \tag{3.1}$$

$$\langle 영문자 \rangle ::= a \mid b \mid c \mid d \mid e \mid f \mid g \mid h \mid i \mid j \mid k \mid l \mid m \mid n \mid o \mid p \mid q \mid r \mid$$
$$s \mid t \mid u \mid v \mid w \mid x \mid y \mid z \tag{3.2}$$

〈이름〉 ::= 〈영문자〉 | 〈이름〉〈영문자〉 | 〈이름〉〈숫자〉   (3.3)

여기에서 〈와 〉로 감싼 것을 구문 요소(syntactic element)라고 부릅니다. (3.1)은 '〈숫자〉는 0~9 중 하나'라고 읽을 수 있습니다. (3.2)는 '〈영문자〉는 a-z 중 하나'라고 읽을 수 있습니다. 즉, ::=의 왼쪽 변에 있는 구문 요소가 오른쪽의 규칙에 따라 정의된다는 것입니다. '|'는 '또는'이라는 의미입니다. (3.3)은 '〈이름〉은 〈영문자〉, 〈이름〉〈영문자〉, 〈이름〉〈숫자〉 중 하나'라고 읽을 수 있습니다. 즉, 일단 〈영문자〉는 〈이름〉입니다. 예를 들어 a는 〈이름〉으로 사용할 수 있습니다. b도 x도 〈이름〉입니다. 이어서 〈이름〉〈영문자〉는 〈이름〉 뒤에 〈영문자〉가 붙은 것입니다. 따라서 예를 들어 a라는 〈이름〉에 영문자 s를 붙인 as도 〈이름〉이 됩니다. 여기에 추가로 c를 붙인 asc도 마찬가지로 〈이름〉입니다. 마찬가지로 〈이름〉〈숫자〉도 〈이름〉이므로 a4, a412, as8도 모두 〈이름〉이며 또한 여기에 〈이름〉〈영문자〉를 사용한 a4bc, a412x, as8sa도 〈이름〉입니다. 결국 〈이름〉은 '영문자 1개' 또는 '영문자로 시작하고 이후에 영문자 또는 숫자가 여러 개 붙는 것'이라고 말하는 것이 (3.3)의 정의입니다.

이 책에서는 앞으로 ::= 대신 → 기호를 사용하겠습니다.

이 표기를 사용해서 한국어 구문 일부를 정의해 봅시다. 한국어 문장은 주어 부분과 술어 부분으로 이루어집니다. 주어 부분은 명사와 조사로 이루어지며 술어 부분은 동사로 이루어집니다. 명사라는 것은 '나', '너', '강아지'를 의미합니다. 조사라는 것은 '은(는)', '이(가)', '도' 등을 의미합니다. 동사라는 것은 '논다', '수영한다', '달린다' 등을 의미합니다. 이를 배커스 표시법으로 나타내면 다음과 같습니다.

〈문장〉 → 〈주어 부분〉〈술어 부분〉   (3.4)

〈주어 부분〉 → 〈명사〉〈조사〉   (3.5)

〈술어 부분〉 → 〈동사〉   (3.6)

〈명사〉 → 나 | 너 | 강아지   (3.7)

〈조사〉 → 은(는) | 이(가) | 도   (3.8)

〈동사〉 → 논다 | 수영한다 | 달린다   (3.9)

이 구문 규칙으로 정의되는 문장은 〈문장〉으로 시작해서 구문 요소를 오른쪽 변(해당 구문 요소를 왼쪽 변에 가진 구문 규칙의 오른쪽 변)의 것(오른쪽이 '|'로 구분되어 있을 경우 그중 하나)으로 변경해 가면서 구문 규칙의 왼쪽에 있는 구문 요소를 하나도 포함하고 있지 않은 것입니다. 예를 들어 '나는 수영한다'라는 문장은 다음 순서로 만들어 낼 수 있습니다.

(1) 〈문장〉

(2) 〈주어 부분〉〈술어 부분〉   (3.4) 사용

(3) 〈명사〉〈조사〉〈술어 부분〉   (3.5) 사용

(4) 〈명사〉〈조사〉〈동사〉   (3.6) 사용

(5) 나〈조사〉〈동사〉   (3.7) 사용

(6) 나는 〈동사〉   (3.8) 사용

(7) 나는 수영한다   (3.9) 사용

이를 그림으로 표현해 보면 다음과 같습니다.

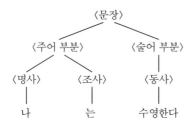

트리 형태(트리의 위아래를 반전한 형태)의 그림입니다. 〈문장〉이 트리의 루트이며 '나'와 '는' 등이 리프에 해당합니다. '나'와 '는' 등은 끝에 있다는 의미로 종단 기호(terminal symbol)라고 부르고, 이외의 것들을 비종단 기호(non-terminal symbol)라고 부릅니다.

배커스 표기법을 확장한 확장 배커스 표기법도 여러 가지 고안됐습니다. 이 중에서 자주 사용되는 것은 {α}이라는 형식입니다. 이는 다음을 의미합니다.

$\varepsilon \mid \alpha \mid \alpha\alpha \mid ...$

ε은 **없음**(empty)을 나타내는 기호입니다. 즉, {α}는 α를 0개 이상 나열한 것

을 의미합니다.

A → {B}는 A → ε | AB를 짧고 이해하기 쉽게 표현한 것입니다. 이러한 표기법을 사용하면, 앞에 있었던 〈이름〉은 다음과 같이 표현할 수 있습니다.

〈이름〉 → 〈영문자〉 {〈영문자〉 | 〈숫자〉}

3.2 구문 도식

구문 규칙을 도식(그림)으로 표현하면 직관적으로 이해할 수 있습니다. 이를 **구문 도식**(syntax graph 또는 syntax diagram)이라고 부릅니다. 구문 도식은 구문 규칙에 다음 규칙을 반복해서 적용하면 만들어 낼 수 있습니다.

(1) 구문 규칙 A → α에 대응하는 도식은 다음과 같은 형태입니다.

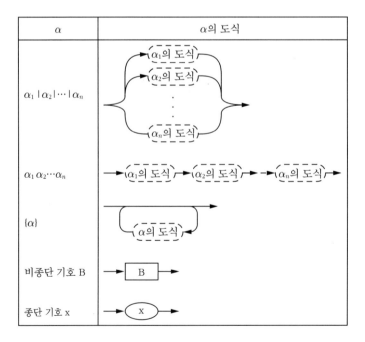

(2) α와 이에 대응하는 'α의 도식'은 다음과 같습니다.

α	α의 도식
$\alpha_1 \mid \alpha_2 \mid \cdots \mid \alpha_n$	α_1의 도식 / α_2의 도식 / $\vdots$ / α_n의 도식
$\alpha_1 \alpha_2 \cdots \alpha_n$	α_1의 도식 → α_2의 도식 → α_n의 도식
$\{\alpha\}$	α의 도식
비종단 기호 B	B
종단 기호 x	x

예를 들어 다음 구문 도식은

⟨이름⟩ → ⟨영문자⟩ { ⟨영문자⟩ | ⟨숫자⟩ }

그림 3.1과 같습니다.

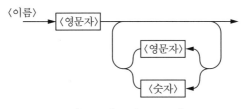

그림 3.1 ⟨이름⟩의 구문 도식

이러한 구문 규칙으로 구문 도식을 만들어 낼 수 있지만, 이것만으로는 각각의 비종단 기호에 대한 구문 도식이 따로따로 만들어집니다. 이러한 도식을 적당하게 합치는 것이 직관적으로 알기 쉬운 경우가 있습니다. 이는 다음 규칙으로 차근차근 변경해 나가면 됩니다.

(3) 구문 규칙 A → α가 있을 때 다음을

```
┌─────┐
│  A  │
└─────┘
```

'α의 도식'으로 변경합니다.

예를 들어 앞에서 살펴본 ⟨문장⟩으로 시작하는 구문 규칙은 다음과 같은 구문 도식을 만들 수 있습니다.

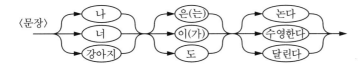

3.3 문법과 언어의 형식적 정의

일단 기호와 기호열과 관련된 기본적인 용어를 정의하겠습니다.

알파벳(alphabet)이란 기호(symbol)의 유한 집합입니다. 기호들을 임의의

개수만큼 연결한 것을 기호열이라고 부릅니다. 예를 들어 알파벳 {a, b, c, d}로 얻을 수 있는 기호열은 a, c, ba, abc, bbcdd 등이 있습니다. 기호를 1개도 포함하지 않는 기호열(빈 기호열)도 있을 수 있습니다. 이를 ε라고 표기합니다.

x와 y가 기호열일 때 이를 연결한 xy도 기호열입니다. A, B가 기호열의 집합일 때 다음과 같이 A와 B의 곱인 AB를 정의합니다.

$$AB = \{xy \mid x \in A, y \in B\}$$

이는 'A에 속한 기호열 x'와 'B에 속한 기호열 y'를 연결한 기호열 xy를 요소로 하는 집합입니다. 예를 들어 A = {a, b, cd}, B = {ef, g}라면, AB = {aef, ag, bef, bg, cdef, cdg}가 됩니다.

집합의 곱을 사용해서 집합의 제곱을 다음과 같이 정의합니다.

$$A^1 = A, A^2 = AA = AA^1, A^3 = AAA = AA^2, \dots, A^n = AA^{n-1}$$

또한 $A^0 = \{\varepsilon\}$입니다. 이는 빈 기호열 ε만으로 구성된 집합입니다. 이를 사용해서 집합 A의 '**폐포**(closure)[1]'인 A^*와 '**양의 폐포**(positive closure)'인 A^+를 정의합니다.[2]

$$A^+ = A^1 \cup A^2 \cup \dots \cup A^n \cup \dots = \bigcup_{i=1}^{\infty} A^i$$
$$A^* = A^0 \cup A^1 \cup \dots \cup A^n \cup \dots = \bigcup_{i=0}^{\infty} A^i$$

A = {a, b, c}라면 $A^* = \{\varepsilon, a, b, c, aa, ab, ac, ba, bb, \dots, aaa, aab, \dots\}$입니다. 또한 다음이 성립합니다.

$$AA^* = A \bigcup_{i=0}^{\infty} A^i = \bigcup_{i=1}^{\infty} A^i = A^+$$

그리고 $x \in A^+$는 'x가 알파벳 A의 기호로 이루어진 기호열'이라는 것을 의미합니다.

이러한 기호와 용어를 사용해서 문법과 언어를 정의합니다. 이전 절까지 구

---

1 (옮긴이) 폐포는 어떤 집합을 포함하는 가장 작은 닫힌 집합을 의미합니다.
2 (옮긴이) '*은 0번 이상, +은 1번 이상'이라고 기억해 두면 이후 내용을 읽을 때 훨씬 쉬울 것입니다.

문 규칙이라고 부른 것을 이번 절에서는 **생성 규칙**(production) 또는 **재작성 규칙**(rewriting rule)이라고 부릅니다. 일반적으로 다음 형태입니다.

U → x

여기에서 U는 기호이고 x는 기호열을 의미합니다. U를 생성 규칙의 왼쪽 변, x를 오른쪽 변이라고 부릅니다. 여기에서 문법이라고 부르는 것은 **문맥 자유 문법**을 의미합니다. 이 책에서는 오해의 여지가 있지 않은 이상 문맥 자유 문법을 문법이라고 부르겠습니다.

3.1절에서 구문 규칙의 형태 A → a | b는 문맥 자유 문법에서의 A → a, A → b라는 2개의 생성 규칙을 합치고 생략한 것입니다. 원래 문맥 자유 문법에는 | 같은 기호가 없지만, 이 책에서는 문맥 자유 문법에서도 이를 사용하겠습니다.

정의 문맥 자유 문법 G는 '생성 규칙의 집합 P'와 '기호 S'의 쌍으로 정의됩니다.

G = {P, S}

S는 **시작 기호** 또는 **출발 기호**(start symbol)라고 부릅니다. 이때 '생성 규칙의 집합 P'에 있는 생성 규칙 중에서 적어도 한 가지의 왼쪽 변에 S가 있어야 합니다.

예 3.1절의 한국어 예에서는 〈문장〉이 시작 기호입니다.

정의 문맥 자유 문법 G = {P, S}에서 P의 생성 규칙 왼쪽 변에 나타나는 기호를 비종단 기호라고 부르며, 오른쪽 변에만 나타나는 기호를 종단 기호라고 부릅니다. 또한 생성 규칙에 나타나는 기호 전체의 집합을 **어휘**(vocabulary)라고 부릅니다.

비종단 기호의 집합을 N, 종단 기호의 집합을 T, 어휘를 V라고 쓰면, V = N ∪ T이고, S ∈ N입니다. 여기에서는 문법 정의를 G = {P, S} 형태로 설명했지만 G = {N, T, P, S}처럼 비종단 기호와 종단 기호의 집합을 함께 표기하는 경우도 있습니다. N, T 대신에 V_N, V_T라고 작성하기도 합니다.

예 3.1절의 한국어 예는 N = {⟨문장⟩, ⟨주어 부분⟩, ⟨술어 부분⟩, ⟨명사⟩, ⟨조사⟩, ⟨동사⟩}, T = {나, 너, 강아지, 은(는), 이(가), 도, 논다, 수영한다, 달린다}가 됩니다.

예

G1 = {P, E}

P = {E → E+T

     E → T

     T → T*F

     T → F

     F → (E)

     F → a

     F → b

     F → c}

에서 V_N, V_T, V는 다음과 같습니다.

V_N = {E, T, F}

V_T = {+, *, (,), a, b, c}

V = {E, T, F, +, *, (,), a, b, c}

문법이 주어졌을 때 이를 기반으로 얻을 수 있는 문장과 언어를 다음과 같이 정의합니다.

정의 문법 G = {P, S}에서 x, y ∈ V^*, U → u ∈ P일 때 v, w ∈ V^*가 다음과 같으면

v = xUy, w = xuy

v는 w를 **직접 생성**(directly product)한다고 말하며 다음과 같이 작성합니다.

v ⇒ w

이때 w는 v로 **직접 환원**(directly reduce)된다고 말합니다.

이 정의는 '기호열 v 안에 하나의 비종단 기호 U가 있을 때 U를 좌변으로 가지는 생성 규칙의 오른쪽 변으로 변경한 결과가 w라면 v는 w를 직접 생성하는 것이다'라고 읽을 수 있습니다. 이때 v에 있는 하나의 비종단 기호 U에 생성 규칙 U → u를 써서 w를 얻을 수 있다고 생각할 수 있습니다.[3] x와 y는 빈 기호여도 되므로 U → x라면 U ⇒ u도 성립합니다.

v로부터 직접 생성을 여러 번 한 결과 w가 얻어지면 v는 w를 **생성**(produce)한다고 말합니다.

정의 $v = u_0 \Rightarrow u_1 \Rightarrow u_2 \Rightarrow \ldots \Rightarrow u_n = w(n \geq 0)$가 되는 $u_i \in V^*(0 \leq i \leq n)$가 존재한다면 v는 w를 생성한다고 말합니다. w는 v로 **환원**(reduce)된다고 말합니다. 이때 $n > 0$라면, $v \overset{+}{\Rightarrow} w$라고 작성합니다. $n \geq 0$(즉 $v \overset{+}{\Rightarrow} w$ 또는 $v = w$)라면, $v \overset{*}{\Rightarrow} w$라고 적습니다.

정의 문법 G = {P, S}가 있을 때 $x \in V^*$, $S \overset{*}{\Rightarrow} x$라면 x를 **문장 형식**(sentential form)이라고 부릅니다. $x \in V_T^*$로 $S \overset{*}{\Rightarrow} x$라면, x를 **문장**(sentence)이라고 부릅니다. G의 문장 집합을 G의 언어(language)라고 부르고 L(G)라고 작성합니다.

$$L(G) = \{x \mid S \overset{*}{\Rightarrow} x \text{ 또는 } x \in V_T^*\}$$

시작 기호로부터 생성되는 기호열이 문장 형식이고, 종단 기호만으로 구성되는 문장 형식을 문장이라 합니다.

예 이전의 예 G1에 대해 다음과 같으므로

$$E \Rightarrow T \Rightarrow T * F \Rightarrow F * F$$

$E \overset{+}{\Rightarrow} F * F$이고 F * F는 문장 형식입니다. 참고로 $F * F \Rightarrow F * a \Rightarrow b * a$로부터 $E \overset{+}{\Rightarrow} b * a$가 얻어지고 $b * a \in V_T^*$이므로 b * a는 문장입니다. 마찬가지로

---

3 'U의 앞뒤에 어떤 기호열이 있는지'를 의미하는 문맥과 관계없이 생성 규칙 U → u를 적용할 수 있으므로 문맥 자유라고 부르는 것입니다. 반면 xUy → xuy처럼 생성 규칙 U의 앞뒤에 x와 y가 있을 때만 U를 u로 변경할 수 있는 문법(문맥이 영향을 주는 문법)은 문맥 의존 문법(context-sensitive grammar)이라고 부릅니다.

다음과 같으므로

$$E \Rightarrow T \Rightarrow F \Rightarrow (E) \Rightarrow (E + T) \Rightarrow (E + F) \Rightarrow (E + a) \Rightarrow (T + a)$$
$$\Rightarrow (F + a) \Rightarrow (c + a)$$

$(c + a)$는 문장이며 이 생성과 관여되어 있는 $(E + T)$, $(E + a)$, $(F + a)$ 등은 모두 문장 형식입니다. 문법 G1의 언어 L(G1)은 어떤 것일까요?

(a+b)*c, c+(a*b+c)+b, ((a)+(b+a))

앞의 문장도 G1의 문장입니다. L(G1)은 a, b, c, *, +, 괄호로 구성되는 일반적인 식의 형태를 한 것의 집합입니다.

3.4 분석 트리

이전 절에서 살펴본 문법 G1의 문장 a*b가 시작 기호 E로부터 생성되는 형태를 그림으로 나타내면 다음과 같습니다.

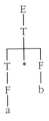

시작 기호부터 시작해서 차례대로 비종단 기호 U를, 이에 대해 사용된 생성 규칙 $U \rightarrow \alpha$를 따라서 다음과 같이 변경하면 됩니다(α가 n개의 기호로 구성되어 있다면, n개의 가지를 작성합니다).

U
|
α

이러한 그림으로 리프까지 타고 내려갔을 때의 과정을 통해 문장 형식을 알아낼 수 있습니다.

조금 더 복잡한 예를 살펴봅시다.

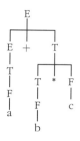

이러한 그림은 문장이 어떤 생성 규칙으로 생성되었는지 나타냅니다. 즉, 문장의 구조를 나타냅니다. 컴파일러가 하는 것은 a+b*c와 같은 문장이 주어질 때이 구조를 확인하는 것, 즉 위의 그림을 만들어 내는 것입니다. 이러한 일을 구문 분석이라고 부릅니다. 이러한 결과 얻어지는 위와 같은 트리를 **분석 트리** (parse tree)라고 부릅니다.

분석 트리는 문장의 구조를 나타내므로 어떤 문장이 주어졌을 때 분석 트리가 그 문장을 하나의 문법 구조로서 구분해 내지 못하면 문제가 됩니다. 예를 들어 다음과 같은 문법을 생각해 봅시다.

G2 = {P2, E}

P2 = {E → E + E

E → E * E

E → (E)

E → a

E → b

E → c}

a+b*c는 이 문법의 문장입니다(G1과 G2의 언어는 같고 L(G1) = L(G2)입니다). 하지만 a+b*c에 문법 G2를 적용하면 그림 3.2처럼 2개의 분석 트리가 만들어집니다.

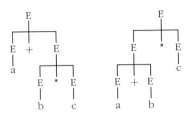

그림 3.2 a + b * c를 기반으로 하는 분석 트리

이처럼 어떤 문장의 분석 트리가 2개 이상 존재하면, 이러한 문장은 **애매하다**(ambiguous)고 합니다. 그리고 애매한 문장을 생성하는 문법을 애매한 문법이라고 합니다. 예를 들어 문법 G2의 문장 a+b*c는 애매하므로 G2는 애매한 문법입니다.

애매한 문법의 예로 자주 사용되는 것으로 다음과 같은 if 문 문법이 있습니다.

S → if C then S

S → if C then S else S

여기에서 S는 statement, C는 conditional expression을 의미합니다. 이 문법의 if C_1 then if C_2 then S_1 else S_2 문장은 그림 3.3과 같은 2개의 분석 트리가 만들어집니다.[4]

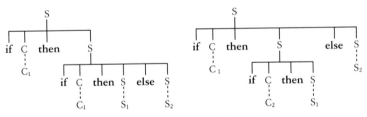

그림 3.3 if C_1 then if C_2 then S_1 else S_2로 만들어지는 2개의 분석 트리

프로그래밍 언어의 문법으로서 사용하려면 이와 같은 애매함을 어떻게든 제거해야 합니다. 문법 G1은 문법 G2의 애매함을 제거하려고, G2에 T와 F라는 비

---

4 (옮긴이)'내가 아는 if 문은 안 그런데?' 하고 생각하는 독자도 있을 것입니다. 여기서의 if 문은 위의 문법을 따르는 if 문을 나타내는 것입니다. 일반적인 프로그래밍 언어의 if 문은 이러한 애매함을 이미 해결한 것들입니다.

종단 기호를 도입한 것으로 생각할 수 있습니다.

G2의 애매함에 대한 대처로 G1처럼 생성 규칙을 변경하는 것뿐만 아니라 만들어진 여러 분석 트리 중에서 하나를 선택하기 위한 추가 규칙을 만드는 방법도 있습니다. 이 문법과 같은 계산식의 경우, 연산자 우선순위를 주거나 같은 우선순위의 연산자가 나열된 경우에는 결합 순서(associativity)를 주어서 애매함을 제거할 수 있습니다. 예를 들어 G2에 대한 추가 규칙으로 +보다 *의 우선순위가 높다는 규칙을 줄 수도 있습니다. 또한 같은 연산자들이 나열된 경우 '왼쪽에서 오른쪽으로 결합한다' 등을 만들면, a+b+c는 (a+b)+c가 되어서 애매함을 제거할 수 있습니다(이런 성질을 연산자가 왼쪽 결합성을 갖는다고 합니다).

앞의 if 문의 문법도 비종단 기호를 새로 도입해 애매함을 제거할 수 있지만, 직관적으로 알기 어려운 문법이 되므로 일반적으로 추가 규칙을 통해 애매함을 해결합니다. 앞의 예에서는 else S2가 그 앞에 있는 2개의 then 중에서 어떤 것과 대응될지 결정하는 규칙을 만들면 됩니다. 일반적으로 if 문을 왼쪽부터 조사하고 else를 보았을 때 '이미 확인한 then 중에서 아직 어떤 else와 조합되어 있지 않고 가장 가까운 else와 조합한다'는 규칙을 사용합니다. 이와 같은 규칙에 따르면, 그림 3.3의 분석 트리에서 왼쪽 것만 만들어집니다.

3.5 PL/0'의 문법

컴파일러를 만드는 방법을 이해하려면 간단한 언어라도 상관없으므로 한 언어의 컴파일러를 완벽하게 살펴보고 이해해 보는 것이 좋습니다. 따라서 이 책에서는 간단한 언어를 하나 선택하고, 그 코드를 모두 살펴보도록 하겠습니다.

바로 참고 문헌 [Wirth 76]에 있는 PL/0를 기반으로 이를 조금 변경한 언어입니다. 변경 사항 중 대표적인 것은 매개변수 없는 프로시저를 매개변수 있는 함수로 바꾼 것입니다. 간단하게 이 문법과 예제를 살펴보겠습니다.

PL/0' 구문 규칙은 그림 3.4~3.7과 같습니다. 각각의 구문 규칙에 대해 간단하게 설명을 붙였습니다.

program

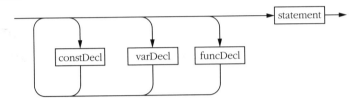

block

constDecl

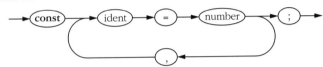

varDecl

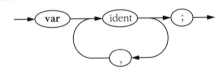

funcDecl

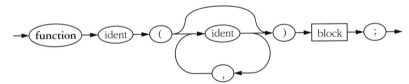

그림 3.4 PL/0′의 구문 규칙(1) - program과 block

statement

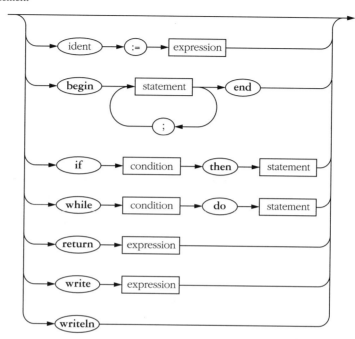

그림 3.5 PL/0′의 구문 규칙(2) - statement

condition

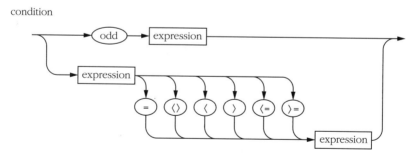

그림 3.6 PL/0′의 구문 규칙(3) - condition

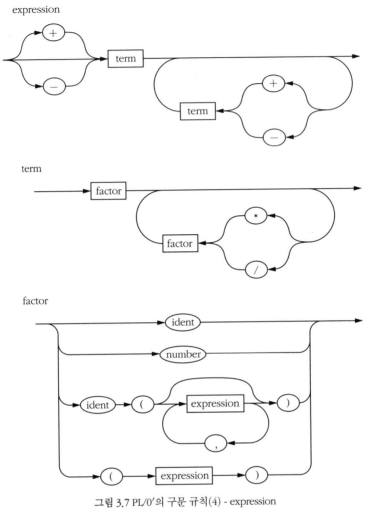

그림 3.7 PL/0'의 구문 규칙(4) - expression

프로그램은 하나의 블록 형태를 하고 있으며 최종적으로 마침표로 끝납니다.

블록은 여러 가지 선언 뒤에 하나의 문장(statement)이 있는 형태입니다.

상수 선언은 상수의 이름과 그 값을 선언합니다. 변수 선언은 변수의 이름만 선언합니다. 상수도 변수도 모두 정수 자료형만 다룹니다. 두꺼운 글자로 표시한 const는 프로그램 내부에 글자 그대로 와야 한다는 것을 의미합니다.

굵은 글자가 아닌 ident는 식별자(identifier)를 의미하며 아무 식별자(이름)나 와도 됩니다. ident는 '시작 부분은 영문자, 이후에는 영문자 또는 숫자가 0

개 이상 반복된다'는 구문 규칙입니다. 너무 당연한 내용이라서 따로 표시하지 않았습니다. 이때 ident를 비종단 기호가 아니라 종단 기호로 한 것은 2장에서 설명했던 것처럼 구문 분석 전에 낱말 분석이 이루어지고, 이 낱말 분석 단계에서 ident가 하나의 토큰으로서 바뀌기 때문입니다.[5]

즉, 시작 부분은 영문자, 이후에는 영문자 또는 숫자가 0개 이상 반복된다는 낱말과 관련된 규칙이므로 구문 규칙으로 생각하지 않습니다. 이러한 낱말과 관련된 규칙 작성 방법은 이전 장에서 살펴보았습니다. number가 종단 기호로 되어 있는 것도 같은 이유입니다. number는 숫자의 열이며 정수만 나타내는 것으로 합니다.

함수 선언에서는 함수 이름과 매개변수 이름을 선언하고 함수 본체는 블록 형태로 적습니다. 매개변수가 없는 경우에도 괄호를 적어야 합니다. 함수는 재귀 함수여도 괜찮습니다.

구문에는 빈 문장, 할당문, 복합문(begin과 end로 감싸진 것), if 문, while 문, return 문, write 문, writeln 문이 있습니다. return 문은 함수의 값을 리턴합니다. write 문은 식의 값을 출력합니다. writeln 문은 줄바꿈을 해 줍니다.

조건(condition) 내부의 odd는 식의 값이 짝수일 때 참(true)을 리턴합니다. <>는 부등호로 사용됩니다. factor의 세 번째에 있는 것은 함수 호출 형태입니다.

PL/0′ 언어는 블록 구조를 가진 언어입니다. 즉, 선언 부분과 실행 부분을 가진 블록이 중첩(nest)되어도 괜찮습니다(블록 안에 변수 선언과 함수 선언이 있을 수 있고, 함수 선언 안에 또 블록이 있을 수도 있다는 의미입니다). 일반적으로 이러한 구조를 가진 언어는 블록 내부에 선언된 이름이 해당 블록 내부에서만 유효합니다. 그런데 그 안쪽 블록에서 같은 이름이 또 선언된 경우에는 안쪽에 있는 것을 우선합니다.[6] PL/0′ 언어도 이와 같은 규칙을 따르는 것으로 합니다.

PL/0′ 프로그램의 예로 그림 3.8을 살펴봅시다. 이 프로그램은 참고 문헌

---

5 (옮긴이) 영문자, 숫자를 원하는 것이 아니라 '식별자'를 원하는 것이므로 식별자를 종단 기호로 보는 것이라고 생각하면 쉽습니다.
6 (옮긴이) 섀도잉(shadowing)을 의미합니다.

[Wirth 76]의 PL/0 프로그램을 PL/0'로 작성해 본 것입니다. 함수 multiply와 divide는 곱셈과 나눗셈 명령을 가지지 않은 계산기에서 이를 시프트 명령어로 수행하는 알고리즘을 모방한 것입니다. 함수 gcd와 gcd2는 유클리드 호제법으로 최대 공약수를 구하는 것입니다. gcd는 재귀 함수입니다. 이 프로그램에서 변수 선언 등은 그것을 사용하는 곳에서 최대한 가까운 곳에 배치해야 한다고 생각해서 메인 루틴의 변수 선언은 함수 선언 뒤에 배치했습니다.

```
function multiply(x, y)
  var a, b, c;
begin a := x; b := y; c := 0;
  while b > 0 do
  begin
    if odd b then c := c+a;
    a := 2*a; b := b/2
  end;
  return c
end;

function divide(x, y)
  var r,q,w;
begin r := x; q := 0; w := y;
  while w <= r do w := 2*w;
  while w > y do
    begin q := 2*q; w := w/2;
      if w <= r then
        begin r := r-w; q := q+1
        end
    end;
  return q
end;

function gcd(x, y)
begin
  if x <> y then
    begin if x<y then return gcd(x, y-x);
      return gcd(x-y,y)
    end;
  return x
end;
```

```
function gcd2(x, y)
begin
  while x <> y do
    begin if x < y then y := y-x;
      if y < x then x := x-y;
    end;
  return x
end;

const m = 7, n = 85;
var x, y;

begin
  x := m; y := n;
  write x; write y; write multiply(x, y); writeln;
  x := 84; y := 36;
  write x; write y; write gcd(x, y); write gcd2(x, y); writeln;
  write divide(x, y); write divide(x,gcd(x, y)); writeln
end.
```

그림 3.8 PL/0′ 프로그램의 예

연습 문제

1. (1) L(G) = 자연수의_집합 = {0, 1, 2, 3, …}이 되는 문법을 적으세요. 숫자의 맨 앞이 0이 되어도 괜찮습니다. 예를 들어 0054도 문장이 되는 문법이어도 됩니다. 이를 활용해 54를 나타내 보세요.

   (2) (1)번 문제를 변경해서 맨 앞의 숫자가 0일 수 없는 문법을 만드세요. 예를 들어 0054가 문장이 되지 않게 하는 문법을 만드세요.

   (3) L(G) = {1, 2, 3, 4, …}가 되는 문법을 작성하세요. 다만 이 집합에서는 맨 앞이 0이 되는 표현은 포함하지 않습니다.

2. 다음과 같은 구문 규칙이 있을 때

   $S \rightarrow (L) \mid a$

   $L \rightarrow S\{, S\}$

(i) 각 구문 규칙에 대응하는 구문 도식을 작성하세요.

(ii) S에 대한 구문 도식을 하나로 정리해서 작성하세요.

(iii) 이로써 정의되는 형태가 어떤 것인지 나열하세요.

3. 다음 문법의 종단 기호, 비종단 기호를 구분하세요.

$$G = \{P, S\}$$
$$P = \{S \rightarrow (L) \mid a$$
$$\quad\quad L \rightarrow L, S \mid S\}$$

이 문법의 문장 (a, a) 또는 $(a, ((a, a), (a, a)))$의 분석 트리를 작성하세요.

4. 피연산자 **a, b, c**와 이항 연산자 **+, ***로 구성되는 후위 표기법의 식을 정의하는 문법을 작성하세요.

5. $P = \{S \rightarrow aSbS \mid bSaS \mid \varepsilon\}$인 문법 $\{P, S\}$가 애매한 문법이라는 것을 abab를 사용해 나타내세요.

6. 문법 $G = \{P, S\}$에서 P가 다음과 같을 때 언어 $L(G)$가 어떤 것인지 서술하세요.

(1) $P = \{S \rightarrow AB$
$$\quad\quad A \rightarrow aAb \mid ab$$
$$\quad\quad B \rightarrow bBa \mid \varepsilon\}$$

(2) $P = \{S \rightarrow aSb \mid cTb$
$$\quad\quad T \rightarrow cTb \mid \varepsilon\}$$

(3) $P = \{S \rightarrow aTa \mid a$
$$\quad\quad T \rightarrow bSb \mid b\}$$

7. 문법 $G = \{P, B\}$에서 P가 다음과 같다고 할 때

$$P = \{B \rightarrow B \vee C \mid C\}$$
$$\quad\quad C \rightarrow C \wedge D \mid D$$

$$D \rightarrow \neg D \mid (B) \mid a \mid b\}$$

(i) 문법 V_N, V_T를 구하세요.

(ii) 문장 a ∧ (b ∨ ¬a) ∨ b의 분석 트리를 그리세요.

(iii) 이 문법의 언어는 어떤 것인지 서술하세요.

(iv) 생성 규칙 D → ¬D를 제거하고, 대신 C → ¬D 또는 C → ¬C를 넣으면, 어떤 문제가 발생하는지 서술하세요.

8. 본문에서 살펴본 문법 G1의 P는 다음과 같이 작성할 수도 있습니다.

$$P = \{E \rightarrow E + T \mid T$$
$$T \rightarrow T * F \mid F$$
$$F \rightarrow (E) \mid a \mid b \mid c\}$$

이 문법에 제곱 연산자 ↑를 추가한 문법을 작성하세요. 이때 ↑는 +와 *보다 우선순위가 높고, 오른쪽 결합성을 가지게 하세요. 즉, a↑b↑c는 a↑(b↑c)를 의미합니다.

[힌트] a+b+c는 E ⇒ E + T ⇒ E + T + T에서 생성되었으므로 (a+b)+c를 의미합니다. 즉, +는 왼쪽 결합성을 갖습니다. 우선순위가 다른 연산자를 추가하는 경우, 새로운 비종단 기호를 도입해야 합니다.

4장

낱말 분석

컴파일러가 원시 프로그램을 대상으로 처음 하는 분석은 낱말 분석입니다. 이번 장에서는 낱말 분석 프로그램을 기계적으로 만들어 내는 방법을 살펴봅니다. 낱말의 형태는 문맥 자유 문법보다도 간단한 정규 표현으로 정의할 수 있습니다. 낱말의 정의를 정규 표현으로 표현하고, 이러한 낱말을 읽는 유한 오토마톤을 기계적으로 만드는 방법을 설명하겠습니다. 추가로 실제 컴파일러의 낱말 분석 프로그램에서 자주 문제가 되는 '부동소수점 상수 읽기'와 '주석 읽기'와 관련된 프로그램을 살펴보겠습니다. 이와 관련되어 문자열 패턴 매칭 알고리즘으로 유명한 커누스-모리스-프랫 알고리즘도 살펴봅니다. 마지막으로 PL/0′의 낱말 분석 프로그램을 살펴봅니다.

4.1 문자 읽어 들이기

컴파일러는 일단 원시 프로그램 자체를 읽어 들여야 합니다. 원시 프로그램을 작성할 때는 키보드로 입력하고, 이를 파일로 저장하는 방법이 일반적입니다. 원시 프로그램 파일을 읽어 들일 때는 읽어 들일 때 효율도 고려해서 문자를 하나씩 읽어 들이지 말고, 어느 정도의 뭉치 단위로 읽어 들이는 것이 좋습니다. 예를 들어 원시 프로그램을 줄 단위로 읽어 들이는 것을 생각해 볼 수 있습니다. 포트란 언어처럼 한 줄이 하나의 문장이 되는 경우는 좋지만, 사실 포트란에는 '여러 줄에 걸친 문장'이라는 것이 있어서 연속 표시가 있으면, 그다음 줄까지 연결해서 한 줄인 것처럼 처리해야 합니다.[1]

물론 대부분의 프로그래밍 언어에서는 파일상에 있는 줄바꿈 문자가 끼치는 영향은 없습니다.[2] 어떠한 방법을 사용해도 컴파일러는 파일에 적혀 있는 줄바꿈 등보다도 그 내용 자체에 주목해야 합니다. 뭉치 단위로 읽어 들인 문자 집합에서 필요한 문자만 꺼낼 수 있는 프로시저를 만들어 두면, 큰 문제없이 문자를 효율적으로 읽어 들일 수 있습니다. 이를 정리해 보면 다음과 같습니다.

(1) 읽어 들인 원시 프로그램 내부에서 마지막으로 리턴한 문자의 위치를 기억해 둔다.

(2) 호출되면 그다음 문자를 리턴한다. 만약 리턴할 문자가 없다면 파일에서 다음 뭉치를 읽어 들이고 그 뭉치의 첫 문자를 리턴한다.

프로그램 4.1은 문자를 읽어 들이는 프로그램의 예입니다. 이 예를 보면 알 수 있듯이 앞으로 이 책의 프로그램은 C 언어(참고 문헌 [KR 88])로 작성합니다.

프로그램 4.1의 함수 nextChar은 fgets를 사용해서 한 줄씩 파일을 읽어 들이고, 이를 fputs로 다른 파일에 출력하고 있습니다. 이는 프로그램에 오류가 있을 때 오류 메시지를 원시 프로그램에서 오류가 발생한 위치에 출력하기 위함입니다. 읽어 들인 한 줄의 원시 프로그램은 문자 자료형의 배열 line에 저장합니다. lineIndex가 위에서 설명한 항목 (1)의 '읽어 들인 원시 프로그램 내부에서 마지막으로 리턴한 문자의 위치를 기억해 둔다'를 위한 변수입니다. 항목 (2)의 '그다음 문자'는 다음과 같이 추출합니다.

```
ch = line[lineIndex++]
```

다음 문자가 없을 때에는 함수 내부에 있는 세 번째 줄의 if 문으로 다음 줄을 읽어 들입니다.

---

1 (옮긴이) 포트란에서 줄의 마지막에 & 기호를 넣을 경우, 여러 줄에 걸친 문장을 만들 수 있습니다.
2 (옮긴이) 예를 들어 C 언어에서는 블록을 생성하는 {}와 문장의 종료를 나타내는 ;만 적절하게 들어가면, 기호들 사이에 줄바꿈을 아무리 해도 상관없습니다.

프로그램 4.1 문자 읽어 들이기

```c
#include <stdio.h>
#define MAXLINE 120          /* 한 줄의 최대 문자 수 */

static FILE *fpi;            /* 소스 파일 */
static FILE *fpo;            /* 컴파일러 출력 파일 */
static char line[MAXLINE];   /* 한 줄을 읽는 입력 버퍼 */
static int lineIndex = -1;   /* 다음 읽어 들일 문자의 위치 */

char nextChar()              /* 다음 문자 하나를 리턴하는 함수 */
{
    char ch;
    if (lineIndex == -1) {
        if (fgets(line, MAXLINE, fpi) != NULL) {
            fputs(line, fpo);
            lineIndex = 0;
        } else {
            printf("end of file\n");   /* end of file이라면 */
            exit(1);                   /* 컴파일 종료 */
        }
    }
    if ((ch = line[lineIndex++]) == '\n') { /* ch에는 다음 문자 하나 */
        lineIndex = -1;    /* ch가 줄바꿈 문자라면 다음 줄을 읽어 들일 준비 */
        return ' ';        /* 문자로 빈 문자 리턴 */
    }
    return ch;
}
```

4.2 낱말 읽어 들이기

낱말이란 원시 프로그램에서 사용되는 한 덩어리의 문자열로, 프로그램 내부에서 의미를 가지는 최소 구성 단위입니다. 예를 들어 변수 이름, 상수, 연산 기호 등이 낱말의 대표적인 예입니다. 낱말은 토큰이라고 부르기도 합니다. 이책에서는 낱말 분석의 결과로 얻을 수 있는 낱말의 컴퓨터 내부적인 표현을 토큰이라고 부르겠습니다.

낱말을 읽어 들이는 과정은 상태 천이도를 사용하면 쉽게 이해할 수 있습니다. 예를 들어 다음과 같은 구문 규칙으로 정의된 이름을 읽어 들이는 상태 천이도는 그림 4.1과 같습니다.

〈이름〉 → 〈영문자〉{ 〈영문자〉 | 〈숫자〉 }

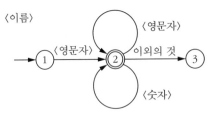

그림 4.1 〈이름〉을 읽는 상태 천이도

그림의 원 내부에 있는 숫자는 상태 번호를 나타내며 이중 원은 최종 상태를 나타냅니다. 이때 최종 상태는 이름을 모두 읽어 들였을 때 될 수 있는 상태입니다. 화살표에 붙어 있는 기호는 해당 화살표로 나아가기 위해 읽어야 하는 다음 문자를 나타냅니다.

예를 들어 상태 1에서 〈영문자〉를 읽으면 상태 2로 이동합니다. 1개의 문자로 이루어진 이름도 있을 수 있으므로 해당 상태 2가 〈이름〉의 최종 상태일 수도 있습니다. 여러 글자로 이루어진 이름이라면 상태 2에서 계속해서 이동합니다. 어떻게 되든 상태 3으로 이동하기 직전의 상태 2가 〈이름〉의 최종 상태일 것입니다.

상태 천이도는 3.2절의 구문 도식을 기반으로 쉽게 알 수 있습니다. 그림 4.1과 그림 3.1을 비교해 보기 바랍니다.

상태 천이도를 기반으로 프로그램을 만들 때는 상태별로 프로그램을 차근차근 만들면 됩니다. 그림 4.1을 기반으로 프로그램 4.2를 만들 수 있습니다. charClassT는 문자의 종류를 나타내는 배열이고, charClassT[ch]의 값은 ch가 알파벳일 때 letter, 숫자일 때 digit인 것으로 합니다. error()는 오류 처리를 위한 함수입니다.

프로그램 4.2 **이름 읽기**

```
state1: ch = nextChar();
    if (charClassT[ch] == letter)
        goto state2;
    else
```

```
       error();
state2: ch = nextChar();
    if (charClassT[ch] == letter || charClassT[ch] == digit)
        goto state2;
    else
        goto state3;
state3:
```

그림 4.1과 프로그램 4.2는 모두 〈이름〉을 읽기만 하고, 읽어 들인 이름으로 어떠한 처리도 하지 않습니다. 하지만 실제 컴파일러에서는 추가적인 처리가 필요합니다. 예를 들어 읽어 들인 이름을 문자 자료형 배열 a에 넣는다면 프로그램 4.3처럼 합니다.

프로그램 4.3 　**이름 읽어 들이기**

```
state1: ch = nextChar(); k = 0;
    if (charClassT[ch] == letter)
        goto state2;
    else
        error();
state2: a[k++] = ch; ch = nextChar();
    if (charClassT[ch] == letter || charClassT[ch] == digit)
        goto state2;
    else
        goto state3;
state3: backChar();
```

프로그램 4.3에는 마지막에 backChar();이 추가됐습니다. 어떤 이름의 끝은 이름 뒤에 있는 문자를 읽을 때 알 수 있습니다. 하지만 그 문자는 이름의 일부가 아니라 다음 낱말의 시작 문자가 될 것입니다. 따라서 다음 낱말을 읽을 준비를 하려면, 읽고 있는 위치를 한 문자 뒤로 이동해야 합니다. 이것이 backChar()의 역할입니다. 이러한 함수는 프로그램 4.4처럼 선언합니다. nextChar() 선언과 함께 하면 좋습니다.

프로그램 4.4 | 한 문자 뒤로 이동하기

```
void backChar()
{
    lineIndex--;
}
```

이와 같이 한 문자 뒤로 돌아가는 방식을 사용하면 이어서 다음으로 읽을 낱말의 앞부분부터 읽어 나갈 수 있게 되므로 프로그램이 깔끔해집니다. 물론 한 번 읽었던 대상을 다시 읽어 들이는 것을 쓸데없는 처리로 생각할 수도 있습니다. 이러한 처리를 따로 하고 싶지 않다면 그냥 프로그램 4.5처럼 한 문자씩 계속 읽어도 상관없습니다. 프로그램 4.3에 있던 앞부분의 ch = nextChar();과 뒷부분의 backChar()을 제거했습니다.

프로그램 4.5 | 이름 읽어 들이기(뒤로 이동하지 않고 읽어 들이기)

```
state1:             k = 0;
    if (charClassT[ch] == letter)
        goto state2;
    else
        error();
state2: a[k++] = ch; ch = nextChar();
    if (charClassT[ch] == letter || charClassT[ch] == digit)
        goto state2;
    else
        goto state3;
state3:     ;
```

이 책에서는 후자에 있는 '뒤로 이동하지 않고 한 문자씩 계속 읽어 들이는 방식'을 사용해 프로그램을 작성하겠습니다. 참고로 이후의 구문 분석에서도 비슷하게 '뒤로 이동하지 않고 한 토큰씩 계속 읽어 들이는 방식'이 나옵니다.

조금 더 복잡한 예로 다음과 같이 정의된

⟨이름⟩ → ⟨영문자⟩{⟨영문자⟩ | ⟨숫자⟩}

⟨상수⟩ → ⟨숫자⟩{⟨숫자⟩}

⟨낱말⟩ → ⟨이름⟩ | ⟨상수⟩ | ⟨구분 기호⟩

⟨낱말⟩을 읽어 들이는 프로시저를 생각해 봅시다. 구문 규칙을 한꺼번에 정리해 보면, 그림 4.2와 같은 상태 천이도를 만들 수 있습니다. 이 그림을 기반으로 프로그램을 구현하면, 프로그램 4.6과 같습니다.

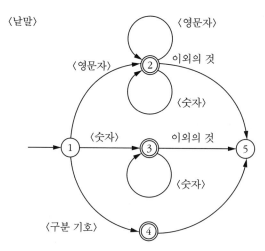

그림 4.2 ⟨낱말⟩을 읽는 상태 천이도

프로그램 4.6 **⟨낱말⟩ 읽어 들이기**

```
state1: if (charClassT[ch] == letter)     goto state2;
    if (charClassT[ch] == digit)     goto state3;
    if (charClassT[ch] == delimiter)     goto state4;
    error();
state2: ch = nextChar();
    if (charClassT[ch] == letter || charClassT[ch] == digit)
        goto state2;
    else
        goto state5;
state3: ch = nextChar();
    if (charClassT[ch] == digit)
        goto state3;
    else
        goto state5;
state4: ch = nextChar();     goto state5;
state5:
```

프로그램 4.6은 뒤로 이동하지 않고 계속 한 문자씩 읽어 들이는 방식으로 작성됐습니다. state4에서는 이미 구분된 기호를 모두 읽어 들인 상태이지만, 한 문자씩 읽어 들인다는 조건을 계속해서 지키기 위해 ch = nextChar();을 넣었습니다.

일반적인 프로그래밍 언어에서는 낱말 사이에 임의의 공백(스페이스)을 넣어도 상관없는 경우가 많습니다. 이러한 때에는 공백을 읽어서 버려야 합니다. 실제로 구현한다면 state1의 앞에 다음을 넣어 주면 됩니다.

```
while (ch == ' ') ch = nextChar();
```

4.3 정규 표현과 유한 오토마타

4.3.1 정규 표현

이전 절에서 낱말을 읽는 상태 천이도를 보면 낱말의 문법이 주어지기만 하면 기계적으로 낱말을 추출할 수 있을 것처럼 보입니다. 실제로 낱말의 정의가 **정규 표현**(regular expression)으로 되어 있다면, 기계적으로 낱말을 추출할 수 있습니다.

정의 4.1 알파벳을 A라고 할 때 정규 표현이란 다음과 같은 규칙에 따라 만들어지는 표현입니다.

(1) ε(빈 기호열)은 정규 표현입니다.
(2) A의 요소 a($a \in A$)는 정규 표현입니다.
(3) R과 S가 정규 표현이라면 R | S, RS, R*도 정규 표현입니다.

참고로 (3)의 경우, 결합 우선순위는 R*가 가장 높고 R | S가 가장 낮습니다. 결합 순서를 나타낼 때는 괄호를 사용할 수도 있습니다.

예 A = {a, b, c}라고 할 때 정규 표현의 예는 다음과 같습니다.

ε, b, ab, ccb, ab | b, ccb | ab, c(cb | a)b, c(cb | a)*b, ab*, a(a | b)*, a(a | b)*bb*

여기에서 ccb | ab는 (ccb) | (ab)와 같으며 ab*는 a(b*)와 같습니다.

   정규 표현에 대해 해당 값(또는 언어)이라고 부르는 기호열의 집합을 정의합니다. 정규 표현과 그 값의 관계는 문법과 해당 언어와의 관계와 대응됩니다.

정의 4.2 알파벳을 A라고 할 때 정규 표현 R의 값(또는 언어)를 L(R)이라고 표현합니다. 정의는 다음과 같습니다.

(1) $L(\varepsilon) = \{\varepsilon\}$
(2) $L(a) = \{a\}$, 이때 a∈A
(3) R과 S가 정규 표현이라면

$$L(R \mid S) = L(R) \cup L(S),\ L(RS) = L(R)L(S),\ L(R^*) = L(R)^*$$

정의 4.2 마지막의 L(R)*은 집합 L(R)의 폐포라는 의미입니다. | 기호는 '또는'이라는 의미입니다. 즉, $x \in L(R \mid S)$라는 것은 $x \in L(R)$이거나 $x \in L(S)$라는 것입니다. 마찬가지로 RS는 R과 S의 연결을 의미하고, R*는 R을 0번 이상 반복한 것을 의미합니다.

예 위의 정규 표현식 예에서

$L(ab) = \{ab\}$, $L(ccb \mid ab) = \{ccb, ab\}$, $L(c(cb \mid a)b) = \{ccbb, cab\}$,
$L(c(cb \mid a)^*b) = \{c\} \{cb, a\}^*\{b\}$
$\qquad\qquad = \{cb, ccbb, cab, cacbb, caab, ccbcbb, ccbab, \dots\}$

알파벳 A = {〈영문자〉, 〈숫자〉}라고 할 때 정규 표현 〈영문자〉(〈영문자〉 | 〈숫자〉)*의 값은 다음과 같으며,

$L(\langle영문자\rangle(\langle영문자\rangle \mid \langle숫자\rangle)^*) = \{\langle영문자\rangle\}\{\langle영문자\rangle, \langle숫자\rangle\}^*$

〈영문자〉로 시작해서 이후에 〈영문자〉 또는 〈숫자〉가 0개 이상 붙어 있는 것의 집합을 의미합니다. 이는 다음과 같은 정규 표현으로 정의된 문법의 언어와 일치합니다.

〈이름〉 → 〈영문자〉{〈영문자〉 | 〈숫자〉}

일반적으로 생성 규칙의 오른쪽에 있는 정규 표현을 사용한 문법을 **정규 우변 문법**(regular right part grammar)이라고 부릅니다. 이는 확장 배커스 표기법을 사용한 문법에 해당합니다. 이 책에서는 정규 우변 문법에 확장 배커스 표기법을 추가해서 0회 이상 반복하는 문법으로 R* 대신 {R}을 사용하겠습니다.

정규 표현 R의 언어는 R을 우변으로 갖는 1개의 생성 규칙으로 이루어지는 정규 우변 문법의 언어와 같습니다. 즉, G = {{S → R}, S}라고 했을 때 L(R) = L(G)입니다.

이어지는 내용에서는 낱말의 문법이 정규 표현으로 주어질 때 이를 기반으로 기계적으로 낱말을 추출하는 상태 천이도를 생성하는 방법에 대해 설명하겠습니다. 바로 정규 표현으로 비결정성 유한 오토마톤을 생성하고, 이를 결정성 유한 오토마톤으로 변환하는 방법입니다.

4.3.2 정규 표현으로 비결정성 유한 오토마톤 만들기

유한 오토마톤(finite automaton)이란 유한한 수의 내부 상태를 가지고, 주어진 기호열을 읽어 들이면서 상태를 천이하고, 해당 기호열이 있는 언어의 구문인지 아닌지 판단하는 것(인식한다는 의미)입니다. 언어 L의 구문을 인식할 수 있는 유한 오토마톤을 'L 인식기'라고 부릅니다.

정규 표현 R이 주어질 때 L(R)을 인식하는 **비결정성 유한 오토마톤**(Nonde-terministic Finite Automaton, 이후 NFA)은 다음과 같은 규칙에 따라서 생성할 수 있습니다. 정규 표현 정의는 정의 4.1의 (1)~(3)에서 살펴보았으므로 각각에 대응하는 규칙을 알면, 모든 정규 표현에 대한 규칙을 살펴본 셈이 될 것입니다.

NFA 작성 방법: 알파벳을 A라고 할 때 정규 표현 R에 대응하는 NFA는

(1) R = ε이라면

(2) R = a(a ∈ A)라면

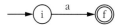

(3) R과 S가 정규 표현으로, 각각에 대응되는 NFA가 다음과 같다면(여기에서
⊂ R ⊃은 R에 대응하는 NFA ⓘ와 ⓕ 사이의 상태 천이도를 생략해서 표현
한 것입니다)

R | S에 대응하는 NFA는 다음과 같고

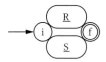

RS에 대응하는 NFA는 다음과 같고

R*에 대응하는 NFA는 다음과 같습니다.

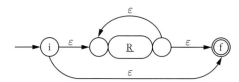

그림에서 ⓘ는 시작 상태, ⓕ는 최종 상태입니다. R | S에 대응하는 NFA는
R과 S의 NFA 시작 상태와 최종 상태를 동일하게 만든 것입니다. RS에 대응
하는 NFA는 R의 NFA 최종 상태와 S의 NFA 시작 상태를 동일하게 만든 것
입니다. (2)의 NFA는 a를 읽어 들일 때 시작 상태에서 최종 상태로 천이하
는 것이며, (1)의 NFA는 아무것도 읽어 들이지 않은 시작 상태에서 최종 상
태로 천이한 것입니다.

앞의 작성 방법에 따라서 알파벳 A = {a, b}라고 할 때 정규 표현 a(a | b)*bb
의 NFA를 나타내면 그림 4.3과 같습니다.

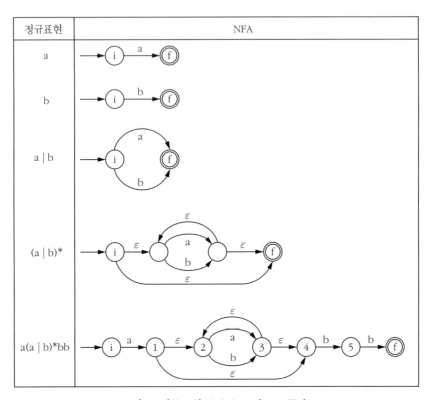

그림 4.3 정규 표현 a(a | b)*bb의 NFA 구성

기호열 x가 오토마톤에 수용된다는 표현을 많이 사용하는데, 이는 시작 상태에
서 x를 읽어 들이고 x를 모두 읽어 들였을 때에 최종 상태가 될 수 있게 하는 천
이가 적어도 1개 있다는 것입니다. 쉽게 말하면 시작 상태에서 최종 상태까지
의 길(path)이 있고, 그 길을 따라서 갔을 때 x가 나와야 한다는 것입니다. 참
고로 ε은 그냥 이동할 수 있는 길입니다. 오토마톤에 수용되는 기호열의 집합
을 해당 오토마톤으로 정의되는 언어라고 합니다. 정규 표현으로 앞의 작성 방
법에 따라 NFA를 구성하면, 정규 표현과 NFA가 정의하는 언어는 완전히 일치
합니다.

예를 들어 기호열 ababb는 그림 4.3에 있는 NFA에서 길을 따라 다음을 얻을 수 있으므로

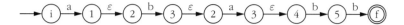

이는 NFA에서 수용됩니다. 따라서 ababb는 정규 표현 a(a | b)*bb 언어의 문장입니다.

4.3.3 비결정성 유한 오토마톤에서 결정성 유한 오토마톤으로

이전에 살펴본 비결정성 유한 오토마톤에서는 하나의 입력 기호에 대해 여러 개의 상태 천이가 가능했습니다. 예를 들어 이전에 입력 기호열로 보았던 ababb는 처음부터 ab를 따라 상태 3으로 천이할 수 있지만 첫 번째 a를 따라 상태 1로 천이하고, ε을 따라 상태 4로 천이하고, b를 따라 상태 5로 천이하는 것도 가능합니다. 이러한 여러 길로 천이하기가 불가능한 것이 **결정성 유한 오토마톤**(Deterministic Finite Automaton, 이후 DFA)입니다.

정의 4.3 결정성 유한 오토마톤이란 다음 조건을 만족하는 유한 오토마톤입니다.

(1) ε을 따라 천이할 수 없습니다.
(2) 1개의 상태에서 같은 기호로 다른 상태로 천이할 수 없습니다.[3]

다행히도 임의의 NFA에 대해 이와 같은 언어를 수용하는 DFA가 존재합니다. 그리고 이를 구하는 알고리즘이 있습니다. 일단 이러한 DFA를 구하는 방법의 개요를 살펴봅시다.

그림 4.3에 있던 a(a | b)*bb라는 NFA 예로 살펴봅시다. 시작 상태에서 시작해서 결정성 조건에 맞지 않는 천이가 있다면 이를 조건에 맞게 변환합니다. 일단 시작 상태에서 a를 따라 상태 1로 이동하는 것은 문제가 없지만, 상태 1에서 ε을 따라 천이하는 부분에 문제가 있습니다. ε을 따라 천이하는 부분을 제

---

3 (옮긴이) 하나의 기호로 천이하게 되는 상태가 하나라는 의미입니다.

거하려면

앞의 그림에서 s로 천이하는 때는 's일지도, t일지도 모른다'라는 상태를 하나로 합쳐서 다음과 같이 만들면 됩니다.

(s,t)

현재 예에서는 다음과 같이 됩니다.

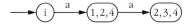

즉, a를 따라서 '1 또는 2 또는 4일지도 모른다'라는 상태를 하나의 상태로 합친 것입니다. 이어서 이러한 상태 (1,2,4)에서 a를 따라 이동하는 천이를 생각해 봅시다. 이러한 경우, 상태 1에서의 a를 따라 이동하는 천이가 없고, 상태 4에서도 a를 따라 이동하는 천이가 없습니다. 상태 2에서는 a를 따라서 3으로 이동하고, 상태 3에서는 상태 2와 상태 4로 이동하는 ε 천이가 있습니다. 따라서 (1,2,4)에서 a를 따라 이동하면 (2,3,4)가 됩니다.

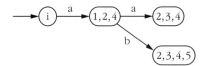

이어서 상태 (1,2,4)에서 b를 따라 이동하는 천이를 생각해 봅시다. 상태 1에서 b를 따라 이동하는 천이는 없습니다. 상태 2에서 a를 따라 이동하면 마찬가지로 (2,3,4)가 됩니다. 다만 이번에는 상태 4에서의 b 천이도 있으므로 이를 포함해야 합니다. 상태 4에서 b를 따라 이동하며 상태 5가 되므로 다음과 같이 됩니다.

마찬가지 방법으로 계속 반복해 보면 그림 4.4가 만들어집니다. 최종 상태는 원래 NFA의 최종 상태를 포함하는 상태인 ⟨2,3,4,5,f⟩가 됩니다.

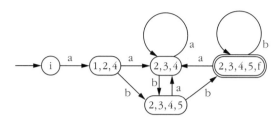

그림 4.4 정규 표현 a(a | b)*bb의 DFA

이전 절의 마지막 ababb를 이러한 DFA에 적용하면 다음과 같이 천이해서 수용됩니다.

지금까지 살펴봤던 예제에서 말한 내용을 알고리즘으로 정리하면 다음과 같습니다.

DFA 작성 방법: NFA에 대응하는 DFA는 다음과 같은 과정으로 만들 수 있습니다.

(1) 'NFA의 시작 상태에서 ε을 따라 이동하는 천이로 만들어지는 상태 집합'을 DFA 전체의 시작 상태로 설정합니다.

(2) 상태 집합에서의 천이는 해당 집합의 요소에서의 천이를 합친 것입니다. 즉, 상태 집합 $D = \{x_1, x_2, ..., x_n\}$에서 a 천이하는 대상은, 원래 NFA에서 x_i ──a──▶ y하는 천이가 존재하는 모든 y 또는 그러한 y에서 ε 천이를 따르는 모든 상태에서 되는 집합입니다. 이러한 집합을 D'라고 하면 DFA에서 천이는 D ──a──▶ D'가 됩니다.

(3) 앞의 (2)를 새로운 집합(DFA에서의 상태)과 천이를 얻을 수 없을 때까지 반복합니다.

4.3.4 유한 오토마톤의 상태 수 최소화하기

사실 그림 4.4의 DFA에는 의미 없는 상태가 있습니다. 설명을 간단하게 할 수 있게 그림 4.4에 그림 4.5처럼 상태 번호를 붙여 보겠습니다. 이를 기반으로 그림 4.5의 상태 천이를 표 4.1의 형태로 표현해 보겠습니다. 이를 상태 천이 테이블이라고 부릅니다. 상태 1에서의 천이와 2에서의 천이가 완전히 같다는 것을 알 수 있습니다. 따라서 상태 1과 2는 구별할 필요가 없고, 같은 것으로 보아도 괜찮습니다. 상태 3과 f에서의 천이도 같지만 이는 같은 것으로 보면 안 됩니다. 왜냐하면 상태 f는 최종 상태이지만 상태 3은 최종 상태가 아니기 때문입니다. 상태 1과 2를 동일시하면 그림 4.6의 DFA를 얻을 수 있습니다. 그림 4.6의 DFA에는 의미 없는 상태가 없습니다. 즉, 그림 4.6이 상태 수가 가장 적은 DFA입니다.

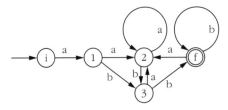

그림 4.5 a(a | b)*bb의 DFA

상태	a 천이	b 천이
i	1	
1	2	3
2	2	3
3	2	f
f	2	f

표 4.1 그림 4.5의 상태 천이 테이블

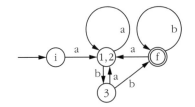

그림 4.6 a(a | b)*bb의 DFA(상태 수 최소)

일반적으로 상태 s와 t를 같은 것으로 보고 결합할 수 있는 것은, s에서 최종 상태로 도달할 때까지 읽은 기호열과 t에서의 기호열이 일치하는 경우입니다. 알고리즘으로 바꿔 보면 일단 처음 모든 상태를 같게 볼 수 있는 후보로 둡니다. 그리고 같게 볼 수 없는 상태들을 차근차근 구분해 나가면 됩니다.

상태를 최소화하는 알고리즘:

(1) 주어진 DFA의 상태를 '최종 상태로 구성된 집합'과 '그 이외의 상태 집합'이라는 2개의 집합으로 구분합니다.

(2) 각 집합을 천이의 종류에 따라서 분할합니다. 즉, 어떤 집합의 요소 s, t에서의 천이 종류가 같으면 이를 같은 집합에 넣고, 다르면 다른 집합으로 구분합니다.

(3) 각 집합을 천이 대상에 따라서 분할합니다. 즉, 집합의 요소 s, t에서 같은 기호에 의한 천이로 다른 집합의 요소로 가는 것이 있다면, 이를 별도의 집합으로 구분합니다.

(4) 앞의 (3)을 반복해서 어떤 집합도 더 분할할 수 없게 될 때 종료합니다. 이 때의 집합을 상태로 하는 것이 상태 수가 최소인 DFA입니다.

위의 알고리즘을 그림 4.5의 DFA 또는 표 4.1에 적용해 봅시다. 표 4.2는 알고리즘의 (1)과 (2)를 적용한 결과를 굵은 선으로 나타낸 것입니다. 일단 (1)로 '상태 f만으로 구성된 집합'과 '그 이외의 것으로 구성된 집합'으로 구분합니다. 이 테이블의 상태 1, 2, 3으로 되는 집합 중에서 상태 3으로의 b 천이 대상만이 다른 집합으로 되어 있으므로 상태 3은 다른 집합으로 나눕니다(그래서 i, [1, 2], 3, f, 4개의 그룹으로 나뉘게 합니다). 이 이상으로는 구별할 것이 없습니다. 따라서 결과로 그림 4.6과 같은 DFA가 만들어집니다.

상태	a 천이	b 천이
i	1	
1	2	3
2	2	3
3	2	f
f	2	f

표 4.2 그림 4.5의 상태 집합

이와 같은 방법으로 정규 표현이 주어지면 그 언어를 인식하는 DFA, 즉 낱말을 읽어 들이는 프로시저를 기계적(정해진 알고리즘)으로 만들 수 있습니다.

이 알고리즘을 프로그램으로 만들면, 낱말을 읽어 들이는 프로시저를 자동 생성할 수 있습니다. 이 예로 잘 알려져 있는 것이 유닉스의 렉스(lex, 참고 문헌 [lev90])입니다.

렉스와 같은 도구를 사용하면 낱말 정의를 렉스 서식으로 주는 것만으로도 낱말을 읽어 들이는 낱말 분석 프로시저가 자동으로 생성되므로 추가로 낱말 분석 문제와 관련된 문제를 따로 생각하지 않아도 괜찮습니다. 다만

(1) 그러한 도구가 없다.

(2) 그러한 도구로 자동 생성된 것보다 효율이 좋은 것을 만들고 싶다.

(3) 그러한 도구로는 잘 작성되지 않아서 직접 작성해 보고 싶다.

앞의 사항에 해당하는 경우에는 프로시저를 따로 작성합니다. 다음 절에서는 이러한 예를 몇 가지 살펴보도록 하겠습니다.

4.4 낱말을 읽어 들이는 프로그램의 예

4.4.1 부동소수점 상수 읽어 들이기

실제 프로그래밍 언어를 예로 낱말을 읽어 들이는 프로시저를 만들어 봅시다. C 언어(참고 문헌 [ISO/IEC 99])의 부동소수점은 다음과 같은 구문 규칙으로 정의되어 있습니다(사실 부동소수점의 마지막에 F와 L 등의 접미사를 붙일 수도 있고 지수 부분에 E 대신 e를 사용할 수도 있지만 간단하게 볼 수 있게 이러한 내용은 생략하겠습니다).[4]

부동소수점_상수 → 소수점_상수 (ε | 지수_부분) | 숫자열 지수_부분

소수점_상수 → (ε | 숫자열) . 숫자열 | 숫자열.

지수_부분 → E (ε | 부호) 문자열

부호 → + | −

숫자열 → 숫자 | 숫자열 숫자

---

4 (옮긴이) 우변에 기호 사이에 띄어쓰기가 있는 것은 쉽게 볼 수 있게 구분한 것입니다. 실제로는 띄어쓰기 없이 결합된다고 생각해 주세요(예를 들어 '숫자열 숫자'는 '123 4'가 아니라 '1234'입니다).

이제 이를 정규 표현식으로 만들겠습니다. '우변에 있는 비종단 기호'를 구문 규칙들로 하나하나 변경하면 됩니다(필요하다면 괄호로 감쌉니다). 참고로 표현을 짧게 쓸 수 있게 '숫자'를 d로 변경했습니다.

부동소수점_상수 → ((ε | 숫자열).숫자열 | 숫자열.) (ε | 지수_부분)
              | 숫자열 지수_부분

부동소수점_상수 → ((ε | 숫자열).숫자열 | 숫자열.) (ε | E(ε | 부호))
             숫자열 | 숫자열 E(ε | 부호) 숫자열

부동소수점_상수 → ((ε | dd*) .dd* | dd*.) (ε | E(ε | + | −)dd*)
             | dd*E(ε | + | −)dd*

이렇게 최종적인 정규 표현식이 만들어집니다. 지금부터는 NFA와 DFA를 구해 봅시다. 일단 생략할 수 있는 상태는 처음부터 생략해 버리겠습니다. 예를 들어 d*이라는 DFA는 다음과 같지만,

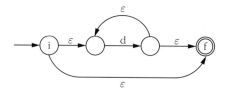

상태 수를 하나 줄여서 다음과 같이 만들어도 괜찮습니다.

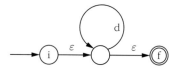

여기에 있는 2개의 ε 천이는 일반적으로 생략할 수 없습니다. 예를 들어 a | d* 이라는 NFA는 다음과 같이 됩니다.

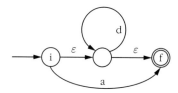

하지만 d*이라는 NFA와 다른 NFA를 결합한 때에 a 천이처럼 시작 상태 i에서의 천이가 추가될 수 없을 때는 왼쪽의 ε 천이를 생략할 수 있습니다. 추가적으로 시작 상태 f로의 천이가 추가될 수 없을 때는 오른쪽의 ε 천이를 생략할 수 있습니다. 예를 들어 'dd*이라는 NFA'는 'd*이라는 NFA'의 왼쪽에 있는 ε를 생략해서 다음과 같이 할 수 있습니다.

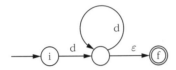

참고로 오른쪽에 있는 ε 천이는 생략하지 않았는데, 이는 추가로 다른 NFA와 결합할 때에 최종 상태 f로의 천이가 추가될 가능성을 염두에 두고 생략하지 않은 것입니다.[5]

C 언어의 부동소수점 상수를 나타내는 NFA와 DFA를 앞의 정규 표현식으로 구하면, 그림 4.7과 그림 4.8처럼 됩니다. 여기에서 상태 수가 최소인 DFA를 구한다면 그림 4.9처럼 됩니다.

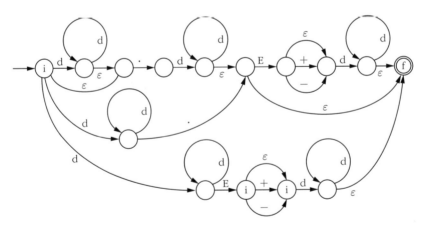

그림 4.7 부동소수점 숫자의 NFA

---

5 (옮긴이) 이후에 f를 단독으로 활용할 수도 있으므로 f를 f로 그냥 두기 위함입니다.

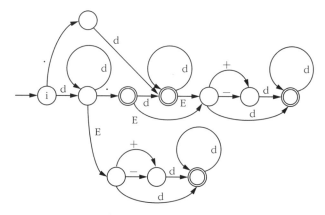

그림 4.8 부동소수점 숫자의 DFA

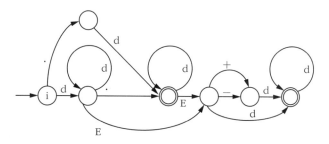

그림 4.9 부동소수점 숫자의 DFA(상태 수 최소)

렉스 같은 도구를 사용할 경우 앞의 정규 표현을 넣기만 하면 그림 4.9에 해당하는 프로그램이 생성되지만, 이렇게 만들어진 프로그램은 부동소수점 상수를 인식하는 것뿐이며 그 값을 계산기 내부 표현으로 변환해 주지는 않습니다. 이러한 변환을 하려면 별도의 프로그램이 필요합니다. 따라서 부동소수점을 인식하고 변환하기 위해 두 번의 변환을 거쳐야 합니다. 그래서 따로 인식과 변환을 함께 하는 프로그램을 그림 4.9를 기반으로 만들어 보면 프로그램 4.7과 같습니다.[6]

프로그램 4.7로 부동소수점을 읽어 들이면 b, e, i에 각각 정수가 들어가고, sign에 +, −가 들어갑니다. 읽어 들인 부동소수점은 $b*10^{sign\ i-e}$입니다. 이를 부

---

6 (옮긴이) 변환을 두 번 거친다고 큰 문제가 있는 것은 아닙니다. 단순하게 예제를 살펴보기 위해 정당성을 부여한 것이라고 생각해 주세요.

> **프로그램 4.7** **부동소수점 숫자 읽어 들이기**

```
/* x.yE±z 형태의 부동소수점 상수 읽어 들이기 */
int b;        /* xy를 정수로 본 숫자 */
int e;        /* y의 자릿수 */
int i;        /* z의 값 */
char sign;   /* 지수의 부호 */
....
statei: b = 0; e = 0; i = 0;
    if (ch == '.') {
        ch = nextChar();
        if (charClassT[ch] != digit) error();
        b = ch - '.'; e = 1;
    } else if (charClassT[ch] == digit) {
        do {
            b = 10 * b+ch - '.';
            ch = nextChar();
        } while (charClassT[ch] == digit);
        if (ch == 'E') goto exp;
        if (ch != '.') error();
    } else error();
    ch = nextChar();
    while (charClassT[ch] == digit) {
        b = 10 * b+ch - '.';
        e++; ch = nextChar();
    }
    if (ch != 'E') goto calc;
exp: sign = '+'; ch = nextChar();
    if (ch == '+' || ch == '-') {
        sign = ch; ch = nextChar();
    }
    while (charClassT[ch] == digit) {
        i = 10 * i + ch - '.';
        ch = nextChar();
    }
calc: /* 여기에서 'b*10^{sign i - e}'를 계산 */
```

동소수점 표현(실수 자료형)인 내부 표현으로 만들어 내야 합니다.[7] 이 변환은 간단해 보이지만 자세히 보면 몇 가지 문제가 있습니다. 일반적으로 다음과 같이 하면 됩니다.

---

7 (옮긴이) 파일에 적힌 문자열을 내부적으로 처리할 수 있게 부동소수점 자료형으로 변환한다는 의미입니다.

(1) b를 부동소수점 표시(실수 자료형)로 변환해서 B로 만든다.

(2) $j = \text{sign } i - e$를 구한다.

(3) $B \times 10^j$를 계산한다.

(1)과 (2)에서는 문제가 없습니다. 그런데 (3)은 조금 더 생각해 봐야 합니다.

(i) $T_1[k] = 10^k (-m \leq k \leq n)$이 되는 상수 배열 T_1을 만들어 두고, $B \times T_1[j]$를 계산합니다. 여기에서 10^{-m}, 10^n은 해당 계산기의 부동소수점 표시로 표현할 수 있는 절댓값 최소와 최대 숫자입니다.

이 방법은 다음과 같은 정밀도 문제가 있습니다. 예를 들어 1.0을 읽어 들이면, b = 10, i = 0, e = 1이므로 $B = 10$, $j = -1$, 따라서 10×10^{-1}을 계산하게 됩니다. 그런데 10^{-1}은 일반적으로 계산기 내부 표현으로 정확하게 표현할 수 없습니다(십진법의 0.1은 이진법으로는 무한 소수입니다). 이 문제를 해결하려면 다음과 같은 방법을 사용해 볼 수 있습니다.

(ii) $T_2[k] = 10^k (0 \leq k \leq n)$가 되는 상수 배열 T_2를 만들어 두고, $j \geq 0$이라면 $B \times T_2[j]$를, $j < 0$이라면 $B \div T_2[-j]$를 계산합니다.

이렇게 하면 일단 해결할 수 있지만 이것으로 정밀도 문제가 모두 해결되는 것은 아닙니다. 예를 들어 8바이트 부동소수점 표현에서의 정밀도는 표현 형식에 따라서도 다를 수 있지만, 십진수로 15자리 또는 16자리이므로 $10^k (0 \leq k)$의 상수가 모두 정확하게 들어가는 것은 아닙니다. $10^k = 5^k 2^k$는 정수 자료형 표현에서는 뒤에 0이 연속되므로 부동소수점 표현에서는 10^{16} 이상의 숫자도 정확하게 들어가지만, 10^{24}까지 들어가지는 못합니다. 이 값은 IBM 등 오래된 메인 프레임 컴퓨터의 표현 형식으로도, 현재 표준적으로 사용되는 IEEE 표준 형식으로도, 8바이트 표현에서도 마찬가지입니다. 오차 있는 정수를 사용해서 계산하므로 결과에도 오차가 발생합니다.[8]

---

8 (옮긴이) 파이썬 등의 프로그래밍 언어에서 0.3 − 0.1을 계산해 보면 0.19999999999999998이 나옵니다. 이것이 바로 정밀도 문제로 발생하는 문제입니다. 해결 과정이 굉장히 복잡해서 실제 상용 언어에서도 해결하지 않고 그냥 두는 문제입니다. 현재 이 책을 읽는 단계에서는 '대충 이런 문제가 발생하는구나' 하는 정도만 기억해도 괜찮습니다.

오차를 데이터의 내부 표현 최하위 비트의 1/2 이하로 하려면, 단 정밀도 (single precision)의 경우 배 정밀도의 상수를 사용해서 계산하고, 배 정밀도 (double precision)의 경우 3배 또는 4배의 정밀도를 가진 상수를 사용해야 하기도 합니다. 실제로 상용 컴파일러에서 정밀도를 중요하게 여기는 경우 이러한 계산을 합니다. 이처럼 하드웨어의 부동소수점 계산 기능을 넘는 계산은 소프트웨어에서 추가로 계산해야 합니다.

앞의 (i), (ii)의 방법은 메모리를 많이 사용합니다. 예를 들어 IEEE 표준 표현 형식에서 배 정밀도(8바이트)는 1024개의 상수가 필요합니다. 메모리를 절약해야 한다면, 곱셈과 나눗셈 횟수를 늘리면 됩니다. 이 방법도 다양합니다. 예를 들어 보면 다음과 같습니다.

(iii) $T_3[k] = 10^k(k' = 2^k : 0 \leq k \leq r$, 이때 r은 $2^r \leq n$이 되는 최대의 정수)가 되는 정수 배열 T_3를 만들어 두고, $|j| = \sum_{i=1}^{r} c_i 2^i$가 되는 c_i(c_i는 0 또는 1)을 구할 수 있게 $10^{|j|}$를 $\prod_{c_i=1} T_3[i]$로 계산합니다.

상수 계산의 추가적인 문제로 표현할 수 있는 범위의 문제가 있습니다. 예를 들어 잎의 (i)에서 k가 $-38 \leq k \leq 38$인 경우에 **2.00001E-34**로 읽습니다. 이 값은 표현할 수 있는 범위 내에 있습니다. 하지만 b = 200001, i = 34, e = 5 이므로 $B = 200001.$, $j = -39$가 돼서 $200001./10^{39}$를 계산해야 하는데, 10^{39}를 표현할 수 없으므로 계산 자체를 할 수 없습니다. 이러한 문제를 해결하려면, 예를 들어 다음과 같은 방법을 생각해 볼 수 있습니다. 10^{39} 대신 $10^{39} \times 2^{-4}$ < 10^{38}을 상수로 준비해 두고, $200001./10^{39}$ 대신에 $200001./(10^{39} \times 2^{-4}) = (200001./10^{39}) \times 2^4$를 계산합니다. 이 결과의 지수 부분에서 4를 빼면 원하는 값을 구할 수 있습니다.

4.4.2 주석 읽어 들이기

C 언어의 주석을 읽어 들이는 프로그램을 생각해 봅시다. C 언어의 주석은 /* 로 시작해서, */로 끝나는 문자열입니다. 이를 정규 표현으로 정의하는 것이 의외로 어렵습니다. 정규 표현으로 다음과 같이 될 텐데,

/*(*/_이외의_문자열)*/

(*/_이외의_문자열)을 정규 표현으로 작성하는 부분이 어렵습니다. 그래서 주석의 정의를 다음과 같이 써 봅시다.

/*(임의의_문자열)*/

이 정의라면 /* 뒤에 있는 */는 주석의 끝을 나타낼 수도 있고, (임의의_문자열) 내부에 있는 */을 나타낼 수도 있습니다. 따라서 이를 기반으로 얻을 수 있는 DFA에서는 /* 뒤의 첫 */를 읽어 들인 상태가 최종 상태가 되어도 거기에서 추가적인 천이가 발생하게 됩니다. 최종 상태에서의 천이를 없게 하려면 처음으로 */를 읽어 들였을 때 종료하게 해야 합니다. 이것이 원래 주석의 정의에 대한 DFA입니다. 이렇게 만든 DFA를 사용해 반대로 정규 표현을 도출할 수 있습니다. 원래 만들려고 했던 것은 주석을 읽어 들이는 프로그램이고 정규 표현을 만들려고 했던 것은 아니므로 정규 표현을 도출해 볼 필요까지는 없지만 결과로 나온 정규 표현식을 실제로 보면, DFA를 활용하지 않고 이를 한 번에 만들어 내기가 정말 어려운 일임을 확인해 볼 수 있을 것입니다.

이러한 DFA를 구하기 위해 임의의 한 문자를 나타내는 특별한 기호 •를 도입해 보겠습니다. 이를 사용하면, **임의의 문자열**의 정규 표현은 •*이 됩니다. •를 포함한 NFA에서 DFA로의 변환 규칙은 직관적으로는 그림 4.10처럼 됩니다. 여기에서 [^ab]는 a와 b가 아닌 문자 하나를 나타냅니다. 즉, • 천이는 's에서 다른 어떤 곳으로도 가지 않는 경우의 천이'라고 표현할 수 있습니다.

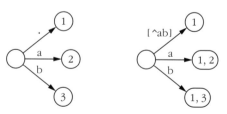

그림 4.10 임의의 기호를 포함한 NFA에서 DFA로

현재 /*•*/의 NFA는 그림 4.11의 위와 같고 DFA는 그림 4.11의 아래와 같습니다. 여기에서 점선으로 된 천이를 제거한 것이 우리가 원하는 DFA입니다.

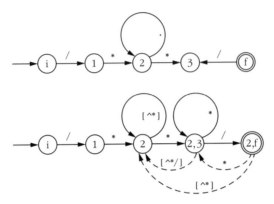

그림 4.11 주석 NFA와 DFA

이를 기반으로 정규 표현을 구하면 다음을 얻을 수 있습니다.

/* ([\^ *] | * * * [\^ * /]) * * * */

사실 주석을 읽어서 버리는 프로그램으로 프로그램 4.8을 생가하는 것은 비교적 간단합니다. 이 프로그램이 짧을 수 있는 이유는 마지막 while 문에서 /이 아니라고 판정한 ch를 do 내부의 while에서 다시 한번 *이 아닌지 판정하기 때문입니다.

프로그램 4.8 **주석 읽어서 버리기**

```
/* 처음 '/*'를 읽고, 이 이후에 오는 문자는 ch에 들어갑니다. */
do {
    while (ch!='*') ch = nextChar();
    ch = nextChar();
} while (ch!='/');
```

일반적인 유한 오토마톤에서는 이처럼 1개의 문자를 2회 판정할 수 없습니다. 방금 전에는 임의의 문자 기호를 도입해서 정규 표현을 확장했지만, 프로그램

4.8과 같은 방법을 활용해 확장해 볼 수 있습니다.[9]

프로그램 4.8은 다음과 같은 형태를 보게 되면,

*/ 이외의_문자열 */

처음 */만 찾습니다. 즉, */라는 패턴에 맞는 처음 것만 찾는 것입니다. 일반적으로 정규 표현식 α에 대해 다음과 같은 DFA를 만들고,

•*α

그 최종 상태에서의 천이를 읽어서 버리는 것은 처음 α를 찾는 패턴 매칭 알고리즘에 해당합니다. α가 문자열일 때 이는 커누스-모리스-프랫 패턴 매칭 알고리즘이라고 알려진 것에 해당합니다. 관심이 있다면 관련된 내용을 찾아보기 바랍니다.

4.4.3 PL/0' 낱말 분석 프로그램

다음 프로그램에서 keyId는 문자의 종류 또는 토큰의 종류를 나타내는 것입니다. Token은 토큰의 종류(kind)와 그 값(이름일 때는 id, 숫잣값일 때는 value)으로 이루어집니다. 이러한 정의는 부록의 프로그램 getSource.h(186쪽)에 정리했습니다. 또한 keyWdT는 예약어 또는 기호 철자와 keyId와의 대응 테이블인 getSource.c(188쪽)에 정리했습니다.

프로그램 4.9 **PL/0' 낱말 분석 프로그램**

```
Token nextToken()          /* 다음 토큰을 읽어 들이고 리턴하는 함수 */
{
    int i = 0;
    int num;
    KeyId cc;              /* cc는 문자의 종류를 나타냅니다. */
    Token temp;
```

---

9 (옮긴이) 이전과 마찬가지로 낱말 분석에서 굉장히 어려운 문제 중 하나입니다. 현재 단계에서는 정규 표현, NFA 표현보다 실제 코드가 더 간단할 수 있다는 것을 아는 계기로만 생각해도 괜찮습니다.

```
    char ident[MAXNAME];
   while (ch == ' ' || ch == '\t')
        /* 다음 토큰까지의 공백을 읽어서 버립니다. */
        ch = nextChar();
   switch (cc = charClassT[ch]) {
   case letter:                  /* 식별자 */
        do {
            if (i < MAXNAME)
                ident[i] = ch;
            i++; ch = nextChar();
        } while (charClassT[ch] == letter
            || charClassT[ch] == digit);
        if (i >= MAXNAME) {
            errorMessage("too long");
            i = MAXNAME - 1;
        }
        ident[i] = '\0';
        for (i=0; i<end_of_KeyWd; i++)
            if (strcmp(ident, KeyWdT[i].word) == 0) {
                temp.kind = KeyWdT[i].keyId; /* 예약어의 경우 */
                return temp;
            }
        temp.kind = Id;       /* 사용자가 선언한 이름인 경우 */
        strcpy(temp.u.id, ident);
        break;
   case digit:                  /* 숫자 */
        num = 0;
        do {
            num = 10*num+(ch-'0');
            i++; ch = nextChar();
        } while (charClassT[ch] == digit);
        if (i > MAXNUM)
            errorMessage("too large");
        temp.kind = num;
        temp.u.value = num;
        break;
   case colon:
        if ((ch = nextChar()) == '=') {
            ch = nextChar();
            temp.kind = Assign;      /* ":=" */
            break;
        } else {
            temp.kind = nul;
            break;
```

```
        }
    case Lss:
        if ((ch = nextChar()) == '=') {
            ch = nextChar();
            temp.kind = LssEq;      /* "<=" */
            break;
        } else if (ch == '>') {
            ch = nextChar();
            temp.kind = NotEq;      /* "<>" */
            break;
        } else {
            temp.kind = Lss;
            break;
        }
    case Gtr:
        if ((ch = nextChar()) == '=') {
            ch = nextChar();
            temp.kind = GtrEq;      /* ">=" */
            break;
        } else {
            temp.kind = Gtr;
            break;
        }
    default:
        temp.kind = cc;
        ch = nextChar(); break;
    }
    return temp;
}
```

연습 문제

1. 다음 문자열을 나타내는 정규 표현을 작성하세요.

(1) a, b, c로 이루어지는 문자열에서 앞 글자가 a이고 끝 글자가 c인 것(예를 들어 aabbcc)

(2) a, b, c로 이루어지는 문자열에서 2개의 이웃한 a 또는 2개의 이웃한 b를 포함하는 경우(예를 들어 bacaa, acbbabc)

(3) a, b, c로 이루어지는 문자열에서 홀수 개의 a를 포함하는 것(예를 들어

acbbabca, aabac)

(4) 이진수(0, 1로 이루어지는 문자열)에서 값이 짝수인 8 이상의 것(예를 들어 10110)

2. 다음 정규 표현식에 대해

(a) 비결정성 유한 오토마톤 NFA

(b) 결정성 유한 오토마톤 DFA

(c) 최소 상태 수의 DFA

를 구하세요.

(1) (a | b)*a(a | b)

(2) (ab | bc)*a(b | c)

(3) (a | b)*ab(a | b)*c

(4) (a | b | ε) (ab | b)*bc

(5) (ab | c)*c(bc | a)*

(6) (ab | c)*(bc | a)*

3. 다음 5개의 단어를 구분하지 않고 어떤 것인지 판별할 수 있는 상태 수 최소의 DFA(NFA의 최종 형태는 1개)와 5개의 단어를 구별해서 판별하는 상태 수 최소의 DFA(NFA의 최소 상태는 5개)를 구하세요.

cool | cooler | compiler | computer | code

4. 부동소수점 숫자를 읽어 들이고 내부 표현으로 변환하는 프로그램을 작성하세요. 또한 해당 프로그램에서 다양한 상수를 테스트해 보고, 어느 정도로 정확하게 변환해 줄 수 있는지 확인하세요. 또한 다른 컴파일러에서는 어떤지도 확인하세요.

5장

하향식 구문 분석

구문 분석은 컴파일러 중에서도 이론적으로 가장 잘 연구되어 그 성과가 실제 컴파일러 작성에도 많이 적용되어 있습니다. 이번 장에서는 먼저 이론과 실제 역사를 간단하게 설명하겠습니다. 이어서 구문 분석 방법 중에서 직관적으로 이해하기 쉬운 재귀적 하향식 구문 분석에 대해 이론을 설명하고, 주어진 문법 을 구문 분석하는 프로그램을 만드는 방법을 알아보겠습니다. 참고로 이러한 프로그램은 구문 규칙의 형태를 따르므로 이해하기 쉬우며 의미 처리 등을 추 가하는 것도 간단합니다. 마지막으로 PL/0′의 구문 분석 프로그램에 대해 간단 하게 설명합니다.

5.1 구문 분석 방법의 간단한 역사

초창기 컴파일러에서 구문 분석 방법이 문제가 되었던 부분은 식(계산식)과 관 련된 부분이었습니다. 식 이외의 부분은 대부분 일정한 형태를 가지고 있지만, 식은 다양한 형태를 가질 수 있기 때문입니다.

초기 포트란 컴파일러에서 했던 방법은 연산자 앞뒤에 적당한 수의 괄호를 넣고, 안쪽 괄호에 있는 부분부터 처리하는 방법이었습니다. 이러한 규칙은 연 산자에 따라서 다음과 같이

```
+  –   ⇒   ))) + ((( )))  – (((
*  /   ⇒   )) * (( ))/((
* *    ⇒   ) * * (
```

식 전체 e에 대해서는 다음과 같이 됩니다.

$$e \Rightarrow (((e)))$$

이러한 규칙을 사용하면 a+b**c*d는 다음과 같이 됩니다.

(((a)))+(((b)**(c))*((d)))

이 식에는 쓸데없는 괄호가 많이 포함되어 있는데 이를 제거하면 다음과 같이 됩니다.

a+((b**c)*d)

이어서 안쪽에 있는 괄호부터 처리하면 됩니다.

이러한 방식은 괄호를 붙이고 나서 안쪽의 괄호를 찾아야 하므로 주어진 식을 여러 번 스캔해야 해서 효율이 나쁩니다. 그래서 식을 왼쪽부터 오른쪽으로(left-to-right) 1회 스캔하는 구문 분석 방법이 고안됐습니다(참고 문헌 [SB60]). 이는 2장에서 설명했던 구문 분석 방법과 대응되는 것으로, 식을 왼쪽부터 스캔하면서 연산자를 임시로 스택에 저장해 두고, 다음 연산자를 읽을 때 스택 위에 있는 연산자를 확인해서 이어지는 동작을 결정하는 것입니다.

이 방법은 이후에 일반화됐습니다(참고 문헌 [Floyd 63]). 이것이 연산자 우선순위에 따른 구문 분석 방법이며, 이러한 분석 방법을 적용할 수 있는 문법이 연산자 우선순위 문법입니다.

이처럼 문법에 대해 해당 언어의 구문 분석 절차를 이론적으로 도출할 수 있다면, 구문 분석 절차를 자동 생성할 수 있습니다. 하지만 연산자 우선순위 문법의 경우 일반적인 식은 표현할 수 있지만, 일반 프로그래밍 언어는 표현할 수 없습니다. 그래서 적용 범위를 좀 더 넓히고자 구문 분석 절차 자동 생성을 위한 연구가 계속해서 진행되어 왔습니다. 이 중에서 LR(k) 문법이라고 부르는 것이 적용 범위가 가장 넓습니다. LR 문법과 LR 구문 분석은 커누스(참고 문헌 [Knuth 65])가 제안했습니다. 처음에는 분석 테이블이 너무 커진다는 등의 이유로 실용성에 문제가 제기되었지만, 이를 제한한 형태인 SLR(1) 문법(참고 문헌 [DeRem 71]), LALR(1) 문법과 이에 대한 구문 분석 방법이 고안되면서 문제를 없앴습니다. 유닉스의 야크(yacc, 참고 문헌 [John 75])는 LR(k) 문법의 대표적인 실용화 예입니다.

연산자 우선순위에 의한 구문 분석과 LR 구문 분석은 종단 기호를 기반으로 비종단 기호를 찾아 나갑니다. 분석 트리를 아래에서 위로 만들어 나가면서 이루어지므로 **상향식 구문 분석법**이라고 부릅니다.

반면 지금부터 읽을 것의 형태를 가정하고서 가정한 것과 실제가 일치하는지 확인해 나가는 구문 분석법이 있습니다. 이는 분석 트리를 위에서 아래로 만들어 나가므로 **하향식 구문 분석법**이라고 부릅니다. 그중에서 구문 분석 프로그램이 재귀적 절차로 구성되어 있는 것을 **재귀적 하향식 구문 분석**이라고 부릅니다. 컴파일러 초창기에 이미 이러한 방법을 활용해 컴파일러를 만들었습니다(참고 문헌 [Con 63]). 이후에 이러한 분석법을 적용할 수 있는 문법으로 LL(k) 문법이 고안됐습니다(참고 문헌 [LS 68], [LRS 76]). 파스칼 문법은 LL(1) 문법으로 만들어졌으며(참고 문헌 [JW 78]), 그 컴파일러(참고 문헌 [Wirth 71])에 재귀적 하향식 구문 분석법이 사용된 이후부터 다른 절차적 컴파일러에서도 재귀적 하향식 구문 분석법이 많이 사용됐습니다. 이 방법을 사용하면 구문 규칙의 형태를 그대로 분석 프로그램의 형태로 옮길 수 있으므로 프로그램을 쉽게 만들 수 있다는 큰 장점이 있습니다. 이러한 장점으로 인해 재귀적 하향식 구문 분석을 많이 사용합니다. 하지만 앞에서 언급했던 것처럼 '앞으로 읽어 들일 것의 형태를 미리 가정한다'는 특징 때문에 문법에 제한이 걸립니다. 즉, 이 방법의 적용 범위는 LR 문법만큼 넓지는 않습니다.

LR 구문 분석법은 적용 범위는 넓지만 구문 분석 프로그램을 만들기 굉장히 어렵습니다. 이를 사용하려면 야크 같은 자동 생성 계열을 사용하는 것이 좋습니다.

이 책에서는 재귀적 하향식 구문 분석 방법을 설명하겠습니다. PL/0′ 구문 분석 프로그램도 이 방법으로 구성되어 있습니다.

5.2 하향식 구문 분석법과 그 문제점

문법은 문장의 생성 방법을 정리한 것입니다. 예를 들어 S → aBd는 S에서 aBd라는 형태의 문장 형식이 만들어진다는 것을 나타냅니다(여기에서 a, d는 종단 기호, B는 비종단 기호를 나타냅니다). 또한 구문 분석이란 주어진 문장이 S, 즉 aBd 형식을 하고 있는지 확인하는 것입니다. 이렇게 하려면 일단 문장의 첫 번째 글자가 a인지, 그다음 형태가 B 형태인지, 마지막 글자가 d인지 확인하면 됩니다. 프로그램으로 표현하면 다음과 같습니다.

```
void S()
{
    A를_읽음;
    B();
    d를_읽음;
}
```

이는 생성 규칙을 그대로 구문 분석 규칙으로 옮긴 것입니다. 코드를 굉장히 쉽게 작성할 수 있음을 알 수 있을 것입니다. 이러한 방법으로 효율적인 구문 분석 프로그램을 항상 만들어 낼 수 있다면 좋겠지만 실제로는 그렇지 않습니다. 현재 문법을 다음과 같다고 하고,

S → aBd

B → b | bc

주어진 입력이 abcd라고 했을 때 위의 방법으로 구문 분석을 해 봅시다. B를 읽어 들이는 프로그램은 다음과 같습니다.

```
void B()
{
        B를_읽음;
    또는
        b를_읽음;
        c를_읽음;
}
```

앞의 프로그램으로 입력이 S의 형태를 하고 있는지 확인한다는 것은, S가 다음과 같은 트리 형태를 하고 있는지 알아낸다는 것입니다.

입력이 트리의 리프와 대응되는지 확인하면 됩니다. 입력의 왼쪽 끝 문자 a는 왼쪽 끝의 리프인 a와 일치합니다. 대응되는 곳을 실선으로 나타내면 그림 5.1의 (1)과 같이 됩니다. 이어서 나머지 bcd가 Bd와 대응되는지 확인하면 되지만, B를 읽는 프로그램에는 '**또는**'이라는 부분이 있습니다. 우선 '**또는**'의 앞부분을 보면 그림 5.1의 (2) 형태가 됩니다. 입력을 기준으로 살펴보면, 'bcd의 첫 번째 b'와 'B 아래의 b 리프'가 일치합니다(그림 5.1의 (3)). 따라서 다시 한번 B로 돌아와서 '**또는**'의 뒤에 있던 부분(그림 5.1의 (4))을 봅니다(이렇게 다시 돌아오는 처리를 백트랙(backtrack)이라고 부릅니다). 이렇게 해 보면 입력이 그림 5.1의 (5), (6)처럼 되어 분석에 성공합니다.

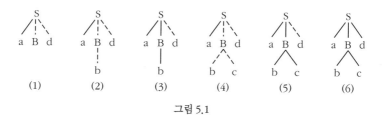

그림 5.1

이처럼 백트랙이 일어나는 구문 분석법은 실용적이지 않습니다. 위의 문법의 경우 문법을 변경해서 백트랙 자체를 피할 수 있습니다. 이를 팩터링(factoring)이라고 부르는데 B의 생성 규칙을 다음과 같이 수정하면

$$B \rightarrow b(c \mid \varepsilon)$$

프로그램이 다음과 같이 됩니다.

```
void B()
{
    b를_읽음;
        c를_읽음;
    또는
        아무것도_읽지_않음;
}
```

이렇게 하면 '또는'이라는 선택지를 뒤로 미룰 수 있고 백트랙 가능성이 줄어듭니다. abcd를 분석해 보면 그림 5.2처럼 됩니다. '또는' 부분에서 c라면 읽어 들이고, c가 아니라면 읽어 들이지 않게 됩니다.

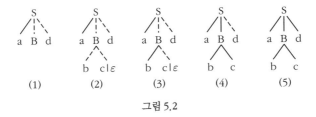

그림 5.2

팩터링에 의해 백트랙이 모두 없어지는 것은 아닙니다. 예를 들어 위의 문법과 조금 다른 다음 문법에서

S → aBc

B → b(c | ε)

입력이 abc라면 그림 5.3의 (2)에서 (3)으로 갈 때 트리에서 입력과 일치하는 것이 없습니다. 따라서 백트랙이 일어나서 B의 마지막을 ε과 일치시켜서 분석에 성공합니다.

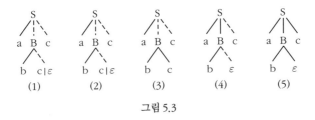

그림 5.3

백트랙 없이 분석을 하려면 이처럼 ε의 경우도 포함해서 '**또는**'의 선택이 잘 이루어져야 합니다. 어떤 문법을 사용해야 선택을 잘할 수 있는지는 다음 절에서 설명하겠습니다.

하향식 구문 분석법의 문제점으로는 백트랙 이외에도 왼쪽 재귀성 문제가 있습니다. 관련된 예제로 3장의 문법 G1을 살펴보겠습니다. G1 생성 규칙의 하나인 다음을 생각해 봅시다.

$$E \rightarrow E + T$$

이를 분석하는 프로그램은 다음과 같습니다.

```
void E()
{
    E();
    +를_읽음;
    T();
}
```

E()가 호출되면 즉시 다시 E()를 호출하므로 E()가 무한하게 호출되어 분석 자체가 진행되지 않습니다. 이것이 왼쪽 재귀성이라고 부르는 문제입니다. 이러한 문제는 문법을 약간 변경해서 해결할 수 있습니다.

일반적으로 구문 규칙이 다음과 같은 형태에서

$$A \rightarrow A\alpha \mid \beta$$

β는 A로는 시작하지 않는다고 합시다. 이때 다음과 같이 변경해서 쓰면 왼쪽 재귀성이 사라집니다.

$$A \rightarrow \beta A'$$
$$A' \rightarrow \alpha A' \mid \varepsilon$$

일반적으로 다음에서

$$A \rightarrow A\alpha_1 \mid A\alpha_2 \mid \dots \mid A\alpha_m \mid \beta_1 \mid \beta_2 \mid \dots \mid \beta_n$$

β_i는 A로는 시작하지 않는다고 할 때 이를 다음과 같이 변경할 수 있습니다.

$A \rightarrow \beta_1 A' \mid \beta_2 A' \mid \ldots \mid \beta_n A'$
$A' \rightarrow \alpha_1 A' \mid \alpha_2 A' \mid \ldots \mid \alpha_m A' \mid \varepsilon$

이렇게 하면 모든 직접 왼쪽 재귀성을 제거할 수 있습니다. 직접 왼쪽 재귀성이라는 것은 $A \rightarrow A\alpha$처럼 하나의 생성 규칙에서의 왼쪽 재귀성을 의미합니다. 예를 들어 다음과 같은 문법의 경우

$A \rightarrow Bc$
$B \rightarrow d \mid Aa$

$A \Rightarrow Bc \Rightarrow Aac$처럼 왼쪽 재귀성이 있으며 $A \overset{+}{\Rightarrow} A\alpha$ 형태입니다. 3장에서 살펴본 문법 G1의 생성 규칙에 대해

문법 G1
   $E \rightarrow E + T \mid T$
   $T \rightarrow T * F \mid T$
   $F \rightarrow (E) \mid i$
($F \rightarrow a$의 a 등은 identifier를 의미하는 i로 변경했습니다)

위와 같은 변경을 시행하면 다음과 같이 됩니다.

문법 G2
   $E \rightarrow TE'$
   $E' \rightarrow +TE' \mid \varepsilon$
   $T \rightarrow FT'$
   $T' \rightarrow * FT' \mid \varepsilon$
   $F \rightarrow (E) \mid i$

확장 배커스 표기법 또는 정규 우변 문법을 사용하면, 조금 더 직관적으로 이해하기 쉬운 형태로 변경할 수 있습니다. $A \rightarrow A\alpha \mid \beta$는 $A \rightarrow \beta\{\alpha\}$로, 다음은

$$A \rightarrow A\alpha_1 \mid A\alpha_2 \mid \ldots \mid A\alpha_m \mid \beta_1 \mid \beta_2 \mid \ldots \mid \beta_n$$

다음과 같이 변경하면 됩니다.

$$A \rightarrow (\beta_1 \mid \beta_2 \mid \ldots \mid \beta_n)\{\alpha_1 \mid \alpha_2 \mid \ldots \mid \alpha_m\}$$

문법 G1에 이런 변환을 모두 적용해 보면 다음과 같습니다.

문법 G3

$$E \rightarrow T\{+T\}$$
$$T \rightarrow F\{*F\}$$
$$F \rightarrow (E) \mid i$$

직접 왼쪽 재귀성뿐만 아니라 일반적으로 왼쪽 재귀성에 대해서도 이를 제거하는 알고리즘은 이미 나와 있지만(참고 문헌 [Aho 07]), 조금 복잡한 내용이고 일반적인 프로그래밍 언어의 문법에서는 거의 나타나지 않는 특성이므로이 책에서는 설명하지 않겠습니다.

지금까지의 내용을 이해했다면 다음 절의 LL(1) 문법을 생각해 낼 수 있습니다. 주어진 문법에서 왼쪽 재귀성이 있는 경우 제거하고 묶으면 얻을 수 있는 문법이 LL(1) 문법이라면, 뒤로 돌아가지 않아도 하향 구문 분석이 가능합니다. 앞에서 설명한 '**또는**'의 문제에 대해 이때 앞의 입력 기호를 보면, 뒤로 돌아가지 않아도 제대로 된 선택을 할 수 있기 때문입니다.

5.3 LL(1) 문법

지금부터 정의할 LL(1) 문법은 예를 들어 다음과 같은 생성 규칙에서

$$A \rightarrow \alpha \mid \beta$$

α인지, β인지 선택할 때 이때의 입력 시작 기호 하나를 봐서(뒤로 돌아갈 수 없습니다) 선택할 수 있게 하는 문법입니다. 기호 하나를 볼 뿐만 아니라 일반적으로 k개의 기호를 봐서 선택하는 문법을 LL(k) 문법이라고 부릅니다. 하지

만 실제 컴파일러에서는 k = 1 이외의 문법이 사용되지 않으므로 이 책에서는
LL(1) 문법만 설명하겠습니다.

기본적인 생각 방법은 A → α | β에서 α인지, β인지 선택할 때 이때 입력 선
두 기호 a가 α의 선두 기호가 될 수 있다면 α를 선택하고, β의 선두 기호가 될
수 있다면 선택하지 않습니다. 뒤로 돌아가는 처리를 하지 않으려면 α의 선두
기호도 될 수 있고 β의 선두 기호도 될 수 있는 형태로 공통인 기호가 없으면
됩니다. 즉, α의 선두 기호로 될 수 있는 종단 기호 집합을 First(α)라고 했을
때 다음과 같으면 됩니다.

$$\text{First}(\alpha) \cap \text{First}(\beta) = \phi$$

다만 이 조건만으로는 충분하지 않습니다. 이것만으로는 이전 절에 있던 그림
5.3과 같은 문제를 해결할 수 없기 때문입니다. 이 문제는 $\beta = \varepsilon$ 또는 $\beta \overset{*}{\Rightarrow} \varepsilon$일
때는 A 뒤에 오는 기호와 α 선두 기호 모두에서 공통인 것(이전 절의 예에서는
B 뒤의 c와 c | ε로 c가 겹쳤습니다)이 있어서는 안 된다는 것을 나타냅니다.

이러한 것을 고려해서 다음과 같은 정의를 얻을 수 있습니다.

문법 G = {V_N, V_T, P, S}와 관련해서 다음과 같은 것을 정의합니다.

정의 기호열 $\alpha \in (V_N \cup V_T)^*$과 비종단 기호 $A \in V_N$에 대해 First(α)와 Fol-
low(A)를 다음과 같이 정의합니다.

$$\text{First}(\alpha) = \{a \mid a \in V_T, \alpha \overset{*}{\Rightarrow} a \dots \}$$

다만 $\alpha \overset{*}{\Rightarrow} \varepsilon$일 경우 $\varepsilon \in \text{First}(\alpha)$라고 가정하면 다음과 같습니다.

$$\text{Follow}(A) = \{a \mid a \in V_T, S \overset{*}{\Rightarrow} \dots Aa \dots \}$$

여기에서 '...'는 임의의 기호열을 의미합니다. First(α)는 α 선두의 종단 기호
가 될 수 있는 것의 집합이며, Follow(A)는 구문 형식 내부에서 A 직후의 종단
기호가 되는 것의 집합입니다. 생성 규칙 A → α에 의해 A를 α로 전개할 수 있
는 경우에는, '입력 선두 기호 a가 $a \in \text{First}(\alpha)$이거나 $\varepsilon \in \text{First}(\alpha)$일 때는 $a \in$
Follow(A)이어야 한다'라고 할 수 있습니다. 후자는 $A \Rightarrow \alpha \overset{*}{\Rightarrow} \varepsilon$이 되는 경우

입니다. 이와 같은 a의 집합은 Director라고 부릅니다.

정의 기호열 $\alpha \in (V_N \cup V_T)^*$과 비종단 기호 $A \in V_N$에 대해 생성 규칙 $A \to \alpha$
일 때 Director(A, α)는 다음과 같이 정의합니다.

$$Director(A, \alpha) = \{a \mid a \in V_T, a \in First(\alpha)$$
$$또는\ (\alpha \overset{*}{\Rightarrow} \varepsilon\ 또한\ a \in Follow(A))\}$$

Director(A, α)는 A를 α로 전개해야 하는지 판정하기 위한 종단 기호(입력 기
호) 집합입니다. 이 관계는 그림 5.4처럼 나타낼 수 있습니다.

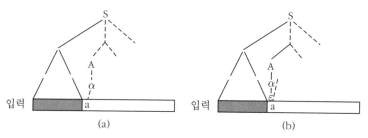

그림 5.4 $a \in Director(A, \alpha)$의 의미

여기에서 같은 입력 기호 a가 Director(A, α)에도, Director(A, β)에도 들어가
있다면 α와 β에서 어떤 쪽을 취해야 하는지 정해지지 않습니다. 이러한 것이
없어야 LL(1) 문법입니다.

정의 문법 $G = \{V_N, V_T, P, S\}$에 대해 임의의 $A \in V_N$과 A를 좌변으로 가지는
생성 규칙 $A \to \alpha_1 \mid \alpha_2 \mid ... \mid \alpha_n$에 대해 Director(A, α_i), $i = 1, ..., n$이 공통
부분을 가지지 않는다면, 즉 다음과 같다면

$$Director(A, \alpha_i) \cap Director(A, \alpha_j) = \phi, i \neq j$$

문법 G는 LL(1) 문법이 됩니다.

주어진 문법이 LL(1) 문법인지 확인하려면 First, Follow, Director를 계산해
야 합니다. 그럼 First와 Follow를 구하는 알고리즘을 살펴봅시다. Director는
First와 Follow를 기반으로 Director의 정의에 따라서 구하면 됩니다.

(1) First를 구하는 알고리즘

다음을 First에 새로 추가되는 것이 없을 때까지 반복합니다.

a) $First(\varepsilon) = \{\varepsilon\}$

b) $First(a\alpha) = \{a\}, a \in V_T$

c) if $(\varepsilon \notin First(Y))$

   $First(Y\alpha) = First(Y)$

   else

   $First(Y\alpha) = (First(Y) - \{\varepsilon\}) \cup First(\alpha)$

d) $X \to \alpha$라면 $First(\alpha)$를 $First(X)$에 추가합니다.

(2) Follow를 구하는 알고리즘

다음을 Follow에 새로 추가되는 것이 없을 때까지 반복합니다.

a) $Follow(S)$에 \$를 추가합니다. S는 시작 기호, \$는 입력의 마지막을 나타내는 기호입니다.

b) $A \to \alpha B\beta(B \in V_N)$이 되는 생성 규칙에 대해

   (i) $First(\beta)$를 $Follow(B)$에 추가합니다. 다만 $\varepsilon \in First(\beta)$일 때 ε은 추가하지 않습니다.

   (ii) $\varepsilon \in First(\beta)$ 또는 $\beta = \varepsilon$라면 $Follow(A)$를 $Follow(B)$에 추가합니다.

여기에서 $Follow(S)$에 \$를 추가하는 것은 다음과 같은 이유 때문입니다. 일반적으로 구문 분석 알고리즘은 지금까지 읽은 것과 그다음 읽을 것의 관계를 확인하면서 분석을 진행하게 표현합니다. LL(1) 문법에 대한 구문 분석에서도 다음 1개의 기호를 확인할 수 있습니다. 따라서 시작 기호 S에 대응하는 모든 기호열을 읽은 뒤에도 그다음 기호를 확인해야 합니다. 이를 위해 특별한 기호로 \$를 사용하는 것입니다.

이전 절의 문법 G2

   $E \to TE'$ ①

   $E' \to +TE' \mid \varepsilon$ ②

$$T \rightarrow FT' \qquad ③$$

$$T' \rightarrow *FT' \mid \varepsilon \qquad ④$$

$$F \rightarrow (E) \mid i \qquad ⑤$$

에 알고리즘을 적용해 보면 다음과 같습니다. First에 대해서는 알고리즘에 나타나 있는 것처럼 '종단 기호가 우변의 왼쪽 끝에 있는 것' 또는 '시작 기호로부터 멀리 있는 것'부터 구하면 수렴이 빨라집니다. Follow는 반대로 시작 기호부터 계산하면 수렴이 빠릅니다.

$\text{First}(F) = \{\,(,\, i\}$	⑤에 (1)의 d), b) 적용
$\text{First}(T') = \{*, \varepsilon\}$	④에 (1)의 d), a), b) 적용
$\text{First}(T) = \text{First}(F) = \{\,(,\, i\}$	③에 (1)의 d), c) 적용
$\text{First}(E') = \{+, \varepsilon\}$	②에 (1)의 d), a), b)적용
$\text{First}(E) = \text{First}(T) = \{\,(,\, i\}$	①에 (1)의 d), c) 적용

$\text{Follow}(E) = \{\$,)\,\}$	E에 (2)의 a), ⑤의 E에 (2)의 b)-(i)를 적용
$\text{Follow}(E') = \text{Follow}(E) = \{\$,)\,\}$	①의 E'에 (2)의 b)의 (ii) 적용
$\text{Follow}(T) = \{+, \$,)\,\}$	②의 T에 (2)의 b)의 (i), (ii) 적용
$\text{Follow}(T') = \text{Follow}(T) = \{+, \$,)\,\}$	③의 T'에 (2)의 b)의 (ii) 적용
$\text{Follow}(F) = \{*, +, \$,)\,\}$	④의 F에 (2)의 b)의 (i), (ii) 적용

Director는 다음과 같이 됩니다.

E와 관련된 Director

$\quad \text{Director}(E, TE') = \text{First}(T) = \{\,(,\, i\}$

E'와 관련된 Director

$\quad \text{Director}(E', +TE') = \{+\}$

$\quad \text{Director}(E', \varepsilon) = \text{Follow}(E') = \{\$,)\,\}$

T와 관련된 Director

$\quad \text{Director}(T, FT') = \text{First}(F) = \{\,(,\, i\}$

T'와 관련된 Director

$$Director(T', * FT') = \{*\}$$

$$Director(T', \varepsilon) = Follow(T') \{+, \$,) \}$$

F와 관련된 Director

$$Director(F, (E)) = \{ (\}$$

$$Director(F, i) = \{i\}$$

이 중에서 여러 개의 Director를 가진 것은 E, T, F이지만 이러한 Director 사이에는 공통 부분이 없으므로 문법 G2는 LL(1) 문법입니다.

이전 절의 문법 G3처럼 정규 우변 문법이 LL(1) 문법인지 확인하려면 어떻게 해야 할까요? 참고로 확장 문맥 자유 문법(extended context-free grammar)이 LL(1) 문법이면, 이를 ELL(1) 문법이라고 부릅니다. 정규 우변 표현에는 다음과 같은 형식이 있습니다.

$$A \rightarrow \alpha(\beta \mid \gamma)\delta \qquad ①$$
$$A \rightarrow \alpha\{\beta\}\delta \qquad ②$$

①의 경우는 α까지 구문 분석이 진행되었을 때 이후에 β인지 γ인지 다음 기호하나를 보았을 때 결정되면 됩니다. 그러므로 ①을

$$A \rightarrow \alpha\beta\delta$$
$$B \rightarrow \beta \mid \gamma$$

로 생각해서 Director(B, β)와 Director(B, γ)에 공통 부분이 없으면 됩니다. ②의 경우는 α까지 구문 분석을 진행했을 때 그다음에 β가 나오는지 또는 나오지 않는지가 다음 하나의 기호를 보았을 때 결정되면 됩니다. 좀 더 정확하게는 ②를 다음과 같이 생각해서

$$A \rightarrow \alpha C\delta$$
$$C \rightarrow \beta C \mid \varepsilon$$

Director(C, βC)와 Director(C, ε)에 공통 부분이 없으면 됩니다.

문법 G3에 대해 이러한 것을 적용해 보면 G2와 같은 것을 얻을 수 있습니다. 즉, {+T}를 E로, {*F}를 T로 변경하면 됩니다.

그럼 PL/0′의 문법처럼 구문 도식으로 표현되어 있는 경우 이를 어떻게 생각하면 될까요? 문법의 형태에 따라서 구문 분석을 진행한다는 것은 구문 도식에서는 화살표에 따라서 진행한다는 것과 같습니다. 이때 여러 갈래로 분기가 되는 선이 있을 때 어떤 쪽으로 나아가야 하는지가 문제입니다. 다음 기호 하나를 보았을 때 결정할 수 있으면 됩니다. 이를 결정하려면 화살표의 선을 따라갔을 때에 어떤 종단 기호가 나타나는지 알 수 있으면 됩니다. 하지만 화살표 끝에 비종단 기호가 있다면, 그 비종단 기호의 구문 도식 내부에서 어떤 종단 기호가 나타나는지 알아야 합니다. 추가로 화살표 끝에 아무것도 없다면 이는 ε에 해당하므로 지금 보고 있는 비종단 기호의 Follow 집합을 알고 있어야 합니다. 결국 이 경우도 앞서와 마찬가지로 각 비종단 기호의 First 집합과 Follow 집합을 기반으로 Director 집합을 구해야 합니다.

5.4 재귀적 하향식 구문 분석 프로그램

주어진 문법이 LL(1) 문법이라면 뒤로 돌아가는 처리가 없는 재귀적 하향식 구문 분석 프로그램을 문법 형태에 따라 만들 수 있습니다. 이전 절에서 문법 G2가 LL(1) 문법이라는 것을 확인했으므로 문법 G2의 구문 분석 프로그램을 만들어 봅시다. 또한 추가로 구문 분석한 결과를 후위 표기법의 식으로 출력해 보겠습니다.

중위 표기법과 후위 표기법의 대응 관계는 2장에서 다음과 같은 형태로 살펴보았습니다.

P(식1 연산자 식2) = P(식1) P(식2) 연산자
P(피연산자) = 피연산자

이는 '식1 연산자 식2'를 확인한 때에 연산자를 출력하고, 피연산자를 확인한 때에 이를 그대로 출력하면 된다는 것을 나타냅니다. 문법 G2의 원래 문법 G1에 이러한 것을 추가한 것을 G1′이라 합시다.

문법 G1′

    $E \rightarrow E+T[+] \mid T$

    $T \rightarrow T*F[*] \mid F$

    $F \rightarrow (E) \mid i[i]$

여기에서 [x]는 구문 분석이 해당 위치까지 진행되었을 때에 x를 출력한다는 것을 의미합니다. 문법 G2에 같은 것을 추가한 문법은 다음과 같음을 알 수 있습니다.

문법 G2′

    $E \rightarrow TE'$

    $E' \rightarrow +T[+]E' \mid \varepsilon$

    $T \rightarrow FT'$

    $T' \rightarrow *F[*]T' \mid \varepsilon$

    $F \rightarrow (E) \mid i[i]$

마찬가지로 G3′는 다음과 같습니다.

문법 G3′

    $E \rightarrow T\{+T[+]\}$

    $T \rightarrow F\{*F[*]\}$

    $F \rightarrow (E) \mid i[i]$

문법 G2′으로 다음과 같은 재귀적 하향식 구문 분석 프로그램이 얻어집니다.

프로그램 5.1   **문법 G2′의 재귀적 하향식 구문 분석 프로그램**

```
/* 선언은 적당하게 생략했습니다. 이름에 '를 사용할 수 있는 언어라고 가정합니다. */
/* E()가 호출되면 다음 토큰이 nextToken에 읽어 들여집니다. */
void E()
{
    T();
    E'();
}
```

```
void E'()
{
    if (nextToken == plus) {
        nextToken = getToken();
        T();
        putToken(plus);
        E'();
    }
}

void T()
{
    F();
    T'();
}

void T'()
{
    if (nextToken == mult) {
        nextToken = getToken();
        F();
        putToken(mult);
        T'();
    }
}

void F()
{
    if (nextToken == leftPar) {
        nextToken = getToken();
        E();
        if (nextToken == rightPar)
            nextToken = getToken();
        else
            error();
    }
    else if (nextToken == ident) {
        putToken(ident);
        nextToken = getToken();
    }
    else
        error();
}
```

이 프로그램은 토큰을 먼저 읽어 들인다는 규칙에 따라서 작성됐습니다. 또한 생성 규칙 A → B | ε의 형태는 A에서 B로 갈지 또는 아무것도 하지 않고 돌아갈지를 나타냅니다. ε을 인식하는 것은 아무것도 하지 않는다는 것으로 대응합니다.

이 프로그램은 구문 분석을 하고 후위 표기법으로 변환한 것을 출력합니다. 분석 트리를 만들어서 출력해 주지는 않습니다. 하지만 일반적으로 LL 구문 분석 프로그램의 동작을 그림으로 나타내면, 그 자체가 분석 트리 형태가 됩니다. 예를 들어 입력으로 a+b*c$가 주어졌을 때 이 프로그램의 동작은 그림 5.5와 같습니다.

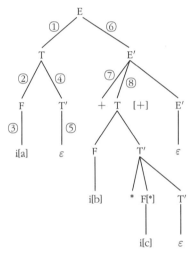

그림 5.5 a+b*c$의 구문 분석 그림

일단 앞의 a가 i(ident의 생략)라서 nextToken으로 읽어 들인 상태에서 E가 호출됩니다. E에서는 다시 T를 호출합니다(그림 5.5의 ①). T에서는 일단 F를 호출합니다(그림의 ②). F에서는 nextToken이 i이므로 이를 출력하고(그림의 ③) +를 읽어 들입니다. F에서 돌아와 T에서는 이어서 T′를 호출합니다(그림의 ④). T′에서는 nextToken이 *가 아니면 아무것도 하지 않으므로(그림의 ⑤) T로 돌아오고 T에서 E로 또 돌아옵니다. E에서는 이어서 E′를 호출합니다(그림의 ⑥). E′에서는 nextToken으로 +를 인식하고(그림의 ⑦) b를 읽어 들이고

T를 호출합니다(그림의 ⑧). 이어서 마찬가지 방법으로 그림 5.5처럼 됩니다. 최종 출력 결과는 abc*+입니다.

이처럼 문법 형태 자체로 프로그램을 만들 수도 있습니다. 하지만 문법적으로는 G2보다 G3(G2'보다 G3')가 더 이해하기 쉬우므로 프로그램도 G3'처럼 만드는 것이 쉽습니다. 프로그램을 정리해 보면 다음과 같습니다.

프로그램 5.2 | 문법 G3'의 재귀적 하향식 구문 분석 프로그램

```
/* 선언은 적당하게 생략했습니다. 이름에 '를 사용할 수 있는 언어라고 가정합니다. */
/* E()가 호출되면 다음 토큰이 nextToken에 읽어 들여집니다. */
void E()
{
    T();
    while (nextToken == plus) {
        nextToken = getToken();
        T();
        putToken(plus);
    }
}

void T()
{
    F();
    while (nextToken == mult) {
        nextToken = getToken();
        F();
        putToken(mult);
    }
}

void F()
{
    if (nextToken == leftPar) {
        nextToken = getToken();
        E();
        if (nextToken == rightPar)
            nextToken = getToken();
        else
            error();
    }
    else if (nextToken == ident) {
        putToken(ident);
```

```
        nextToken = getToken();
    }
    else
        error();
}
```

프로그램 5.2가 프로그램 5.1보다 함수의 개수도 적고 실행할 때 함수가 호출되는 횟수도 적으므로 효율이 더 좋습니다.

5.5 문법에서 하향식 구문 분석 프로그램으로

주어진 문법이 LL(1) 문법이라는 것을 알았다면 문법을 기반으로 하향식 구문 분석 프로그램을 만들 수 있습니다.

(1) 하나의 생성 규칙이 1개의 함수에 대응되므로 같은 비종단 기호를 왼쪽 변에 갖는 생성 규칙을 하나로 합칠 수 있습니다. 너무 작은 함수가 되지 않게 의미적으로 묶을 수 있는 만큼 하나의 생성 규칙으로 묶어 줍니다.

　예를 들어 다음은

⟨simple type⟩ → ⟨scalar type⟩ | ⟨subrange type⟩ | ⟨type identifier⟩

⟨scalar type⟩ → (⟨identifier⟩ {,⟨identifier⟩})

⟨subrange type⟩ → ⟨constant⟩..⟨constant⟩

하나로 합쳐서 다음과 같이 됩니다.

⟨simple type⟩ → (⟨identifier⟩ {,⟨identifier⟩})
　　　　　　　| ⟨constant⟩..⟨constant⟩ | ⟨type identifier⟩

크게 합치는 것은 이처럼 생성 규칙으로 하는 것보다 구문 도식으로 하는 것이 쉽습니다. 참고로 파스칼 문법은 108개의 생성 규칙으로 정의되어 있으며, 구문 도식으로는 17개만으로 표현됩니다. 사실 위의 ⟨simple type⟩도 파스칼 문법의 일부입니다.

　참고로 위의 예에도 있는 것처럼 프로그래밍 언어의 정의에는 $\alpha\{\beta\alpha\}$와 같은 형태가 자주 나옵니다. α 부분이 긴 경우는 생성 규칙도 길어져서 읽기 힘들어집니다. 복잡하다 보니 지금부터 만드는 프로그램에도 α에 대응하는 부분이 2개 나오게 됩니다. 그래서 α의 기술을 한 번에 끝내는 기법이 여러 가지 고안되어 있습니다. 이 책에서는 이를 $\{\alpha//\beta\}$라는 형태로 합니다. 구문 도식으로는 다음과 같이 간단하게 표현할 수 있습니다.

(2) 앞의 (1)에서 합친 각각의 생성 규칙 A → α를 다음과 같은 함수 선언으로 변환합니다.

```
void A()
{
    T(α)
}
```

여기에서 T(α)는 (3) 이후에서 정의합니다.

(3) $T(\beta_1\beta_2...\beta_n)$은 다음과 같이 합니다.

```
{
    T(β₁) T(β₂)...T(βₙ)
}
```

(4) $T(\beta_1 \mid \beta_2 \mid ... \mid \beta_n)$은 다음과 같이 합니다.

```
switch (nextToken) {
    case First(β₁): T(β₁) break;
    case First(β₂): T(β₂) break;
    ...
    case First(βₙ): T(βₙ) break;
}
```

다만 β_i 내부에 ε이 있는 때는 β_n을 ε으로 보고, 앞의 switch 구문 마지막을 다음과 같이 하면 좋습니다.

```
default: break;
```

좀 더 일반적으로는 $\beta \neq \varepsilon$이고 $\beta \overset{*}{\Rightarrow} \varepsilon$일 때 다음과 같이 하면 좋습니다.

```
default: T(βn) break;
```

β_i 내부에 이런 것들이 없을 때는 switch 구문 마지막을 다음과 같이 해서 오류를 검출하면 됩니다.

```
default: error();
```

(5) $T(\{\beta\})$는 다음과 같이 합니다.

```
while (nextToken ∈ First(β)) {
    T(β)
}
```

(6) $T(\{\beta_1 // \beta_2\})$는 다음과 같이 합니다.

```
while (1) {
    T(β1)
    if (nextToken ∉ First(β2)) break;"
    T(β2)
}
```

(7) A가 비종단 기호일 때 T(A)는 다음과 같이 합니다.

```
A();
```

(8) a가 종단 기호일 때 T(a)는 다음과 같이 합니다.

```
if (nextToken == a)
    nextToken = getToken();
else
    error();
```

지금까지의 내용이 일반적인 규칙이지만 이 규칙에 충실하게 만들어진 프로그램은 쓸데없는 부분이 들어가 버립니다. 따라서 적당히 간략하게 만들어서 활용하면 됩니다. 예를 들어 T({aB})는 다음과 같이 되지만,

```
while (nextToken == a) {
    if (nextToken == a)
        nextToken = getToken();
    else
        error();
    B();
}
```

다음과 같이 할 수도 있습니다.

```
while (nextToken == a) {
    nextToken = getToken();
    B();
}
```

5.6 PL/0'의 재귀적 하향식 구문 분석 프로그램

PL/0'의 재귀적 하향식 구문 분석 프로그램을 만들려면, 일단 PL/0'의 문법이 LL(1) 문법인지 확인해야 합니다. 사실 LL(1) 문법이 아니지만 어떤 부분이 조건에 맞지 않는지 알아내고 해당 부분에서 어떻게 해야 분기 하나가 선택될 수 있게 만들 수 있을지 정의하면, PL/0'의 재귀적 하향식 구문 분석 프로그램을 만들 수 있습니다.

일단 First 집합을 시작 기호 program에서 먼 부분부터 구해 보면, 제일 처음 factor에 문제가 있습니다. 즉, factor의 화살표 선을 타고 가면 다음과 같이 됩니다.

First(factor) = {ident number ident (}

ident로 부딪히는 선이 2개 있습니다. 따라서 이 문법은 LL(1) 문법이 아닙니다. 하지만 재귀적 하향식 구문 프로그램을 만들 경우 ident를 읽어 들일 때 이러한 2개의 ident 중에서 어떤 것인지 구별하기만 하면 됩니다. 프로그램의 의미를 생각하면 처음 ident는 변수 이름, 상수 이름, 매개변수 이름일 것입니다. 그리고 뒤의 ident는 함수 이름일 것이므로 ident를 읽어 들일 때에 ident의 종류를 알 수 있으면 됩니다. 이는 이름 선언 테이블을 보면 쉽게 알 수 있습니다. First 집합의 요소에 이러한 종류를 붙여 보면 다음과 같이 할 수 있습니다.

First(factor) = {ident$^{var, const, par}$ number ident^{func} (}

이 이외의 부분에는 문제가 없고 다음과 같은 First 집합이 구해집니다. 참고로 ident의 종류가 문제가 되는 것은 factor 내부에서뿐이므로 이 이외의 First 집합을 구할 때에는 First(factor) = {ident number}가 됩니다.

First(term) = {ident number (}

First(expression) = {+ - ident number (}

First(condition) = {odd + - ident number (}

First(statement) = {ε ident begin if while return write writeln}

First(funcDecl) = {function}

First(varDecl) = {var}

First(constDecl) = {const}

First(block) = {ε const var function ident begin if while return write writeln}

First(program) = {. const var function ident begin if while return write writeln}

이어서 Follow 집합을 구해 봅시다.

Follow(program) = {$}

Follow(block) = {. ;}

Follow(constDecl) = {. ; const var function ident begin if while return write writeln}

Follow(varDecl) = {. ; const var function ident begin if while return write writeln}

Follow(funcDecl) = {. ; const var function ident begin if while return write writeln}

Follow(statement) = {. ; end}

Follow(condition) = {then do}

Follow(expression) = {. ; end then do = <> < > <= >= ,)}

Follow(term) = {. ; end then do = <> < > <= >= ,) + −}

Follow(factor) = {. ; end then do = <> < > <= >= ,) + − * /}

이제 이러한 정보를 기반으로 활용하면 구문 도식의 모든 분기점에서 뒤로 돌아가지 않고 선택할 수 있다는 것을 증명하면 됩니다. block의 구문 도식에 대해 First(constDecl), First(varDecl), First(funcDecl), (First(statement) − {ε}) ∪ Follow(statement) 사이에 공통 부분이 없으므로 좋습니다. constDecl의 구문 도식 마지막 부분에 분기가 있지만 이는 ';'인지 또는 ','인지로 선택할 수 있으므로 괜찮습니다. varDecl에 대해서도 마찬가지입니다. funcDecl에 있는 분기도 ')', ',', 'ident'로 선택할 수 있습니다.

　statement의 구문 도식에서 분기에 대해서는 분기 대상의 앞의 첫 기호 사이에 또는 Follow(statement)와의 사이에 공통 부분이 없으므로 괜찮습니다.

　condition의 구문 도식에서 문제가 없다는 점은 쉽게 알 수 있을 것입니다. expression의 구문 도식 내부의 가장 첫 분기는 First(term)을 보는 것으로, 마지막 분기는 Follow(expression)을 보는 것으로, 모두 +, −가 공통되지 않는다는 것을 알 수 있으므로 좋습니다. term도 마찬가지입니다.

지금까지 PL/0′의 재귀적 하향식 구문 분석 프로그램을 만드는 방법을 살펴보았습니다. 예를 들어 block 구문 분석 프로그램은 프로그램 5.3과 같습니다. 실제 PL/0′ 컴파일러에서는 오류 처리와 코드 생성 처리가 들어 있으므로 조금 더 복잡합니다. 현재 코드는 그중에서 구문 분석 부분만 뽑아낸 것입니다. 참고로 함수 이름 등이 이전에 설명한 것과 약간 다릅니다.

프로그램 5.3 | PL/0′의 block 구문 분석 프로그램

```
void block()
{
    while (1) {
        switch (token.kind) {
        case Const:
            token = nextToken();
            constDecl(); continue;
        case Var:
            token = nextToken();
            varDecl(); continue;
        case Func:
            token = nextToken();
            funcDecl(); continue;
        default:
            break;
        }
        break;
    }
    statement();
}
```

연습 문제

1. 다음 문법에 대해 First, Follow, Director 집합을 구하고 문법이 LL(1) 문법인지 판단하세요((1)과 (2)는 5.2절에서 다룬 것입니다).

    (1) S → aBd

        B → bC

$$C \rightarrow c \mid \varepsilon$$

(2) $S \rightarrow aBc$

$$B \rightarrow bC$$

$$C \rightarrow c \mid \varepsilon$$

(3) $S \rightarrow ABa$

$$A \rightarrow a \mid \varepsilon$$

$$B \rightarrow b \mid \varepsilon$$

(4) $S \rightarrow AcBa$

$$A \rightarrow a \mid B \mid \varepsilon$$

$$B \rightarrow b \mid \varepsilon$$

(5) $S \rightarrow aSe \mid B$

$$B \rightarrow bBe \mid C$$

$$C \rightarrow cCe \mid d \mid \varepsilon$$

2. 문제 3.1의 문법

$S \rightarrow (L) \mid a$

$L \rightarrow S \{ , S \}$

에 대해 재귀적 하향식 구문 분석 프로그램을 작성하세요.

3. 다음 문법의 왼쪽 재귀성을 제거하고 이렇게 만들어진 문법에서 생성 규칙 의 Director 집합을 구하세요. 이 문법이 LL(1) 문법인지 확인하고 재귀적 하향식 구문 분석 프로그램을 작성하세요.

$E \rightarrow E$ or T [or] $\mid T$

$T \rightarrow T$ and F [and] $\mid F$

$F \rightarrow$ not F [not] $\mid (E) \mid i$ [i]

4. 어떤 문법 내부에 다음과 같은 생성 규칙이 있다면, 해당 문법이 LL(1) 문법 이 아니라는 것을 elsepart의 Director를 사용해서 설명하세요.

statement → if condition then statement elsepart

elsepart → else statement | ε

추가로 이때 elsepart 구문 분석을 다음과 같은 함수로 하면, 3.4절에서 설명한 else 규칙인 'else를 보았을 때 이미 확인한 then 중에서 아직 어떠한 else와도 조합되지 않은 것 중 해당 else와 가장 가까운 것과 조합한다'에 맞는다는 것을 그림 3.3의 예로 설명하세요.

```
void elsepart()
{
    if (nextToken == 'else') {
        nextToken = getToken();
        statement();
    }
}
```

5. 문법 S → +SS | *SS | i의 언어는 덧셈과 곱셈으로 구성된 전위 표기법의 식을 의미합니다.

(1) 이 문법이 LL(1) 문법이라는 것을 증명하세요.

(2) 이 문법의 문장을 분석해서 괄호 있는 중위 표기법의 식을 출력하는 프로그램을 작성할 수 있게 문법 G1′에 따라서 이 문법에 [x] 형태의 출력 기호를 붙이세요. 추가적인 괄호를 원하는 만큼 출력해도 상관없습니다.

(3) 괄호를 가능한 한 출력하지 않도록 할 수 있게 문법을 변경해 보세요.

힌트

S → +SS | *TT | i

T → +SS | *TT | i

(4) 위의 연산자 +를 –로 변경해서 같은 작업을 하세요.

힌트 (i – i) – i의 괄호는 필요 없지만, i – (i – i)는 괄호가 필요합니다.

6장

L e a r n i n g   C o m p i l e r

의미 분석

컴파일러에서 구문 분석 다음으로 이루어지는 처리는 의미 분석입니다. 구문 분석이 프로그래밍 언어의 구문 규칙과 원시 프로그램의 대응 관계를 기반으로 분석하는 것처럼, 의미 분석은 의미 규칙과의 대응을 기반으로 분석합니다. 의미 규칙이란 예를 들어 변수 이름을 부동소수점 자료형으로 선언했다면, 해당 변수를 부동소수점 자료형으로만 사용할 수 있게 만드는 것입니다.

　의미 분석에서는 그러한 선언 정보를 모아 둔 기호 테이블(이름 테이블)이 중요한 역할을 합니다. 이번 장에서는 기호 테이블의 구성법과 탐색법을 설명합니다. 구성법으로는 블록 구조를 가진 언어에서의 스택 구성 방법을 살펴보겠습니다. 탐색법으로는 탐색 효율이 좋은 해시법 등을 살펴보겠습니다. 마지막으로 PL/0′ 컴파일러의 기호 테이블에 대해 살펴보겠습니다.

6.1 의미 분석이란?

의미 분석을 간단하게 말하면 '원시 프로그램에 적혀 있는 이름(식별자), 식, 문장이 어떤 의미를 가지는지' 구문 분석만으로는 할 수 없었던 분석을 하는 것입니다. 의미 분석에서 주로 하는 분석은 이름을 적절하게 선언하고 사용했는지 확인하는 것입니다. 예를 들어 블록 내부에 다음과 같은 부분이 있다면,

```
int x, y;
float z;
...
x = z * y;
```

'x와 y는 int 자료형, z는 float 자료형으로 선언되어 이러한 것들이 할당에 사용되고 있다. 이 할당문의 우변에 있는 z는 float 자료형이고 y는 int 자료형이므로 곱하면 float 자료형으로 계산된다. 이러한 결과를 int 자료형으로 변환한 것을 좌변에 있는 int 자료형의 변수 x에 할당한다'와 같은 분석을 합니다.

일반적으로 이름 선언으로 그 이름의 종류(변수 이름, 함수 이름, 배열 이름 등), 자료형(정수 자료형, 부동소수점 자료형, 함수 이름의 경우는 매개변수와 결과의 자료형 등), 유효 범위(그 이름을 사용할 수 있는 범위, 일반적으로 선언된 위치에 따라 범위가 결정됩니다) 등이 결정됩니다. 추가로 할당문에서 좌변과 우변의 자료형 정합성, 연산 형태(정수 연산, 부동소수점 연산 등)는 사용자가 선언하는 것은 아니지만 언어의 기본 기능으로서 선언되어 있다고 할 수 있습니다.

이름과 기호가 사용되는 곳에서는 '그 사용에 대응하는 선언이 존재하는가?', '그 선언으로 얻을 수 있는 이름의 종류와 자료형은 무엇인가?', '그 이름을 사용했을 때 선언의 내용에 모순이 발생하지 않는가?'(예를 들어 할당문에서 좌변과 우변의 정합성이 모순되지 않는지, 함수가 사용될 때는 매개변수의 개수와 자료형이 선언과 모순되지 않는지 등) 등을 확인해야 합니다.

이와 같은 의미 분석을 하려면 선언된 정보를 모두 종합해 두어야 합니다. 이것들은 2장에서 '변수 이름 테이블, 상수 테이블 등의 다양한 정보 테이블'과 같은 일반적인 테이블(표)의 형태로 정리한다고 설명했습니다. 선언된 정보를 모두 모아 둔 것을 **환경**(environment)이라고 부르기도 합니다. 이 책에서는 이를 기호 테이블이라고 부르겠습니다.

기호 테이블 작성법에서 문제가 되는 것은 어떤 정보를 어떤 형태로 넣어 둘 것인지, 테이블을 효율적으로 탐색하려면 어떻게 할 것인지, 이름의 유효 범위를 어떻게 표현할 것인지 등입니다. 그럼 이러한 것들을 간단하게 차근차근 살펴봅시다.

6.2 기호 테이블의 정보

이름에 대해 어떤 선언을 할 수 있는지는 프로그래밍 언어에 따라 다르므로 기호 테이블에 어떤 정보를 넣어야 하는지 등은 언어에 따라 다릅니다. 일반적으로 기호 테이블에 넣는 정보는 다음과 같습니다.

(1) 이름
(2) 자료형
(3) 기억 영역
(4) 추가 정보

(1)의 이름으로 넣을 수 있는 것은 그 이름의 철자를 나타내는 문자열입니다.

(2)의 자료형에는 단순 자료형과 복합 자료형이 있습니다. 단순 자료형은 정수 자료형, 부동소수점 자료형 등이 있습니다. 복합 자료형으로는 배열 자료형, 구조체 자료형, 포인터 자료형, 함수 자료형 등이 있습니다. 복합 자료형은 복합 자료형을 구성하는 요소에 대한 추가적인 자료형 정보를 가져야 합니다. 예를 들어 포인터 자료형은 어떤 자료형에 대한 포인터인지, 함수는 어떤 자료형의 매개변수를 받고 리턴하는지가 여기에 해당됩니다.

(3)의 기억 영역과 관련된 정보로는 정적·동적 영역 할당 여부, 블록 구조를 가진 경우 블록 레벨(중첩 깊이), 할당된 주소(절대 주소와 상대 주소) 등이 있습니다. 정적으로 할당된 변수는 컴파일 시점 또는 목적 프로그램 시작 전에 그 변수의 주소를 결정할 수 있는 것을 의미합니다. 예를 들어 함수 내부에 선언된 변수로 그 함수가 호출될 때 주소를 정할 수 있는 것도 정적 변수입니다.

(4)의 추가 정보는 예를 들어 C 언어의 경우 const, volatile 등의 수식자가 붙었는지 등이 있습니다. PL/0′도 const라고 선언된 이름은 상수로 취급하는데, 이러한 것을 처리할 때 (4)가 필요합니다.

기호 테이블은 테이블을 효율적으로 탐색할 수 있게 일반적으로 배열 형태로 구현됩니다. 기호 테이블 내부의 각 요소를 엔트리라고도 부릅니다. 각 엔트리는 위에서 설명한 정보를 가지지만, 모든 엔트리가 정보를 균일하게 갖는 것이 아닙니다. 엔트리에 따라 필요한 정보의 양이 다릅니다. 그래서 기호 테이블 배열이 너무 커지는 것을 막으려고, 균일하지 않은 부분들은 기호 테이블 외부로 내보내고, 기호 테이블 안에는 이러한 정보에 대한 표시만 넣어 둡니다. 이렇게 하면 기호 테이블이 너무 복잡해지는 것을 막을 수 있습니다.

예를 들어 이름의 길이가 30문자까지 허용되어도 실제로 쓰이는 이름은 짧은 경우가 많으므로 기호 테이블의 각 엔트리에 30문자만큼의 공간을 할당하면 낭비가 발생할 수 있습니다. 따라서 그림 6.1처럼 각 이름의 철자 정보는 또 다른 테이블에 넣고, 기호 테이블의 엔트리에는 여기에 대한 포인터를 넣어 두는 방법을 사용할 수 있습니다. 현재 그림은 mosel, rhein, bordeaux, bourgogne라는 이름이 선언되었을 때의 모습입니다. 철자 테이블 속의 $는 문자열의 끝을 나타내는 기호입니다.[1]

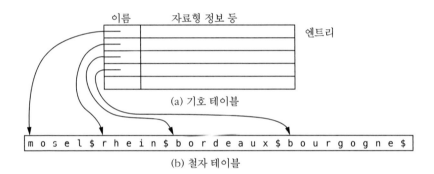

그림 6.1 기호 테이블과 철자 테이블

6.3 기호 테이블 탐색

기호 테이블에 대한 조작으로는 기호 테이블에 새로운 엔트리를 넣는 조작, 어떤 이름이 기호 테이블에 들어 있는지 확인하는 조작이 있습니다. 전자의 조작을 등록, 후자의 조작을 탐색(search)이라고 합니다. 등록 처리를 할 때도 같은 이름이 이미 등록되어 있는지 확인하기 위해 탐색을 해야 합니다. 따라서 탐색은 굉장히 많이 이루어지므로 탐색 속도가 컴파일러 속도에 큰 영향을 미칩니다.

---

1 (옮긴이) 그림 6.1의 아래 철자 테이블은 mosel$rhein$bordeaux$bourgogone$라는 문자 배열입니다. mosel$, rhein$, bordeaux$, bourgogone$라는 4개의 문자열이 합쳐진 형태라고 생각해 주세요.

탐색 방법은 등록 방법에 따라서 결정됩니다. 가장 간단한 것은 등록 요구가 있을 때 순서대로 이를 등록하는 것입니다. 기호 테이블 i번째에는 i번째로 등록 요구된 기호가 들어 있을 것입니다. 따라서 기호 테이블에 n개의 기호가 등록되었을 때 기호가 기호 테이블에 있는지 탐색하려면, 표의 맨 앞부터 n번째까지 차례대로 탐색해야 합니다. 이렇게 하나하나 확인하는 조사를 **탐침**(probing)이라고 부르기도 합니다. 기호 테이블에 등록되어 있지 않을 경우 n번의 탐침, 등록되어 있는 경우는 평균 $(n+1)/2$번의 탐침이 필요합니다. 이러한 탐색을 **선형 탐색**(linear search)이라고 부릅니다.

테이블 탐색을 빠르게 할 수 있는 방법으로 크게 2가지 방법이 알려져 있습니다. 바로 이진 탐색(binary search)과 해시법(hash method)입니다.

선형 탐색은 이러한 것들과 비교해서 일반적으로 느립니다. 하지만 테이블이 작다면 그 차이가 크지 않으며, 프로그램이 간단해서 오히려 빠른 경우도 있습니다. 선형 탐색을 조금 빠르게 하는 방법으로는 센티널(sentinel)을 사용하는 방법이 있습니다. 이는 테이블 a의 내부에 x가 있는 경우, 테이블의 마지막에 x(이를 센티널이라 합니다)를 넣어 두는 방법입니다. 이렇게 하면 테이블의 마지막 위치까지 갔는지, 가지 않았는지 따로 확인할 필요가 없으므로 그만큼 속도가 빨라집니다.

🎁 센티널

글쓴이: 윤인성

센티널은 파수병이라는 의미입니다. 프로그래밍에서는 배열, 파일의 끝 위치를 확인하는 용도 등으로 사용하는 특수한 값을 의미합니다.

예를 들어 파일에서 0 이상의 정수 10개 이하를 받아서 그 최댓값을 찾는 프로그램이 있다고 해 봅시다. 10개 이하의 숫자라고 했으므로 요소를 10개 담을 수 있는 배열을 만들어야 합니다. 그런데 실질적으로 값을 5개만 전달할 수도 있을 것입니다. 실질적인 값을 5개 읽고 배열에 다음과 같이 저장했다면,

0	1	2	3	4	5	6	7	8	9
52	273	32	100	92	0	0	0	0	0

다음과 같은 의사 코드(peudocode)로 최댓값을 구할 수 있을 것입니다.

```
함수_최댓값_구하기(배열)
  최댓값 = 0
  for i = 0부터 10까지
    if 요소 > 최댓값
      then 최댓값 = 요소
  return 최댓값
```

큰 문제는 없지만 배열에 들어 있는 실질적인 값이 5개인데도 10번 반복을 도는 것은 의미 없는 일입니다. 다양한 방법으로 이런 의미 없는 일을 줄일 수 있습니다. 예를 들어 (1)처음부터 배열이 아니라 벡터, 리스트를 사용한다. (2)'실질적인 값이 몇 개 들어 있는지' 따로 전달한다. (3)실질적인 값 뒤에 '조건에서 나올 수 없는 값(0 이상의 정수라고 했으므로 −1은 나올 수 없습니다)'을 넣어 두고 이를 확인하게 코드를 작성한다. 이때 (3)의 방법이 센티널을 활용하는 방법입니다.

0	1	2	3	4	5	6	7	8	9
52	273	32	100	92	<u>−1</u>	0	0	0	0

이러한 배열이 있다면 −1이 센티널입니다. 다음과 같은 의사 코드를 사용하게 변경하면, 위의 코드보다 적은 반복 횟수로 최댓값을 찾을 수 있습니다.

```
함수_최댓값_구하기(배열)
  최댓값 = 0
  for i = 0부터 10까지
    if 요소 == −1 then
      break
    if 요소 > 최댓값 then
      최댓값 = 요소
  return 최댓값
```

6.3.1 이진 탐색

이진 탐색은 이름 순서로 등록해 두고 이름의 대소 비교를 통해 다음으로 탐색할 장소를 정합니다. 이름의 크기는 글자의 내부 코드를 정수로 보고 결정할 수 있습니다. 일단 처음에는 등록된 이름 중에서 중간에 위치한 이름과 비교합니다. 이어서 이것보다 작으면 테이블의 앞부분, 크면 테이블의 뒷부분을 탐색합니다. 비교한 것과 같으면 곧바로 탐색 성공입니다. 표의 앞부분을 탐색하는 경우 여기에서 중간 위치에 있는 이름과 비교합니다. 이와 같이 한 번에 탐색을 절반씩 줄여서 합니다. 더 이상 나눌 수 없는 경우 탐색은 종료됩니다. 만약 이때까지 원하는 것을 찾지 못했다면 등록되지 않은 것입니다.

　테이블에 새로운 이름을 등록할 때도 등록되어 있는지 확인하고, 등록되어 있지 않다면 마지막으로 탐침한 곳의 바로 앞 또는 바로 뒤에 등록하면 됩니다. 이 경우, 그 이후에 등록되어 있는 모든 것들을 한 칸씩 뒤로 옮겨야 합니다. 기호 테이블을 배열이 아니라 이진 트리로 구현했다면, 이처럼 한 칸씩 뒤로 미루는 과정이 필요하지 않습니다. 즉, 테이블 엔트리에 그 이름보다 '작은 이름의 엔트리로 이루어진 부분 트리 포인터'와 '큰 이름의 엔트리로 이루어진 부분 트리 포인터'를 추가하는 방법입니다. 이진 탐색에서는 탐침 횟수가 일반적으로 $[\log_2 n] + 1$입니다. n이 클 경우 탐색 속도는 선형 탐색보다 굉장히 빨라지지만, 프로그램이 약간 복잡해진다는 단점이 있습니다. 그 외에 등록 조작이 방금 설명했던 것처럼 복잡해진다는 것도 단점입니다. 이진 탐색은 예약어(키워드: 예를 들어 C 언어의 int, float, if, struct 등) 테이블처럼 컴파일 중간에 추가로 등록되는 것이 없는 테이블에 적합합니다.

6.3.2 해시법

해시법은 분산 기억법(scatter storage technique)이라고도 부르며, 해시법으로 만들어진 테이블을 **해시 테이블**(hash table, randomized table, key transformation table 등)이라고 부릅니다.

　이 방법은 이름 x에 대해 어떤 함수 f를 적용한 결과($n = f(x)$)를 사용해서 테이블의 n번째를 찾는 방법입니다. 이때 사용되는 함수 f를 해시 함수라고 부룹니다. 함수 f는 여러 가지 방법으로 만들 수 있습니다. 이 책에서는 비교적 간단한 3가지 방법만 설명하겠습니다.

(1) 제산법(division method)

이름 x의 값을 테이블의 크기 N으로 나눈 나머지를 n으로 사용합니다. N이 소수일 때는 굉장히 좋은 방법입니다. 컴파일러에서는 테이블의 크기 N을 2의 거듭제곱으로 하는 경우가 많습니다. 이러한 경우, 적당한 소수로 나눈 뒤 N으로 한 번 더 나누는 방식 등이 필요합니다.

(2) 중간 제곱법(mid-square method)

이름 x의 값을 제곱하고, 그 결과(x^2) 내부에서 적당한 비트를 추출해서 n으로 사용하는 방법입니다.

(3) 중첩법(folding method)

이름 x를 자릿수별로 나누는 등 여러 가지 방법으로 나눈 뒤 각 부분의 값을 더하거나 배타적 논리합을 적용한 값을 활용하는 방법입니다.

해시 함수 f가 다른 값을 가지는 x에 대해 모두 다른 값을 부여할 수 있으면 좋겠지만 사실 이렇게는 되지 않습니다. 왜냐하면 예를 들어 다음과 같이

⟨이름⟩ → ⟨영문자⟩{⟨영문자⟩ | ⟨숫자⟩}

이름의 길이가 6문자 이하인 것들을 정의해도, 그 수를 계산해 보면 $26 \times (1 + 36 + ... + 36^5)$만큼 있지만, 컴파일러에서 사용할 수 있는 테이블의 크기는 고작 수천 정도밖에 되지 않기 때문입니다. 따라서 $x \neq y$여도 $f(x) = f(y)$가 되는 값이 존재하는 경우를 생각해야 합니다. 이러한 현상을 **충돌**(collision, conflict)이라고 부릅니다. 하지만 예를 들어 예약어 테이블처럼 등록할 것이 처음부터 정해져 있는 경우라면, 해시 함수를 잘 선택해서 이러한 충돌이 발생하지 않게 할 수도 있습니다. 이러한 함수를 **완전 해시 함수**라고 부릅니다. 완전 해시 함수가 사용된다면, 탐침 한 번으로 원하는 것을 바로 찾아낼 수 있습니다.

해시법으로 테이블을 탐색하는 알고리즘을 정리하면 다음과 같습니다.

(1) 이름 x에 해시 함수 f를 적용해서 $n = f(x)$를 구합니다.

(2) 테이블의 n번째를 확인해서

    (a) 그곳에 x가 있다면 x는 이미 등록되어 있는 것입니다.

    (b) 그곳에 아무것도 없다면 x가 등록되어 있지 않은 상태입니다.

    (c) 그곳에 x 이외의 것이 들어 있다면 충돌입니다.

어쨌거나 충돌이 발생했다면 어떠한 방법으로든 (a) 또는 (b)가 될 때까지 다른 곳을 확인해야 합니다. 다른 곳을 확인했을 경우 등록 시 (a)의 경우는 이중 등록되며, (b)의 경우는 그곳에 x를 등록하면 됩니다. 탐색할 때는 (a)처럼 x가 들어 있다면 탐색 성공입니다. (b)의 경우는 탐색 실패입니다.

충돌했을 때의 처리 방법은 크게 2가지로 구분할 수 있습니다. 하나는 오픈 어드레싱법(open addressing), 다른 하나는 연쇄법(chaining)입니다.

오픈 어드레싱법의 일반적인 방법은 $f_i(i = 1, 2, \ldots)$와 여러 개의 해시 함수를 준비합니다(여기에서 첫 번째 f가 f_1입니다). f_i로 충돌이 발생했다면, f_{i+1}을 사용합니다. 충돌이 없을 때까지 이를 반복합니다. 그중에서 간단한 방법으로 많이 사용되는 것은 $f_{i+1}(x) = f_i(x) + d \pmod{N}$ 형태입니다. 여기에서 N은 테이블의 크기이며, d와 N은 서로소인 상수여야 합니다.

예를 들어 $N = 8, d = 1$이라고 하고 변수 이름으로 medoc, graves, chablis, mosel, saar, ruwer, nahe가 순서대로 등록된다고 하고 각 해시값이 $3, 7, 5, 3, 4, 7, 3$이라고 합시다. 기호 테이블 내부에 이름 철자를 넣는다면 그 기호 테이블은 그림 6.2와 같이 됩니다.

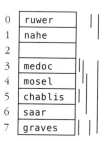

그림 6.2 오픈 어드레싱법으로 이름 등록하기

medoc, graves, chablis는 해시값이 가리키는 곳이 비어 있으므로 그곳에 즉시 등록됩니다. mosel은 3에서 충돌이 발생하므로 그다음인 4에 등록됩니다. saar 는 4, 5에서 충돌이 발생하므로 6에 등록됩니다. ruwer는 $7 + 1 = 0(\mathrm{mod}\ 8)$로 0에 등록됩니다. nahe는 3~7과 0에서 충돌이 발생하므로 1에 등록됩니다. 이러 한 탐침의 형태를 그림 오른쪽에 실선으로 표시해 보았습니다. 이러한 이름들 을 탐색하는 경우 등록할 때와 마찬가지로 1, 1, 1, 2, 3, 2, 7회의 탐침으로 탐 색이 성공합니다.

일반적으로 이러한 충돌 처리를 할 경우 탐색 성공 때의 평균 탐침 횟수 E는 테이블 점유율(load factor, 표의 크기에 대한 등록 수의 비율)을 α라고 할 때 다음과 같습니다.

$$E = \frac{1 - \alpha/2}{1 - \alpha}$$

$\alpha = 0.5$일 때 $E = 1.5$입니다. N을 크게 잡으면 탐침 1~2회로 탐색을 완료할 수 있습니다.

연쇄법은 충돌을 일으켰을 때 그 위치에서 포인터를 연속적으로 연결해서 이름을 등록, 탐색하는 방법입니다. 연쇄법은 연쇄 구조인 두 번째 이후의 이 름을 다른 영역에 저장하는 경우가 많습니다. 이러한 다른 영역(이 영역을 오 버플로(overflow) 영역이라고 부릅니다)에 저장하는 방법을 오버플로 해시법 이라고 합니다. 오버플로 해시법을 사용하지 않는 방법도 있습니다. 연쇄를 사 용한 오버플로 해시법의 경우, 앞에서 설명한 (2)의 (c)는

(c′) 그곳에 x 이외의 것이 들어 있다면, 그곳에 있는 포인터 연쇄 구조를 돌며 x를 찾습니다.

(2)의 (b)는

(b′) 그곳에 아무것도 들어 있지 않거나 연쇄 구조의 끝에 도달하면, x가 등록 되어 있지 않은 것입니다.

이 방법을 사용하면 앞의 예는 그림 6.3처럼 됩니다. 그림 내부의 ϕ는 연쇄 구

조의 끝을 나타냅니다. 이러한 이름의 탐침 횟수는 각각 1, 1, 1, 2, 1, 2, 3회입니다. 그림 6.2보다 적습니다. 다만 처리가 약간 더 복잡합니다.

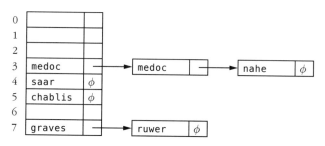

그림 6.3 오버플로 해시법(연쇄 구조 사용)으로 이름 등록하기

두 가지 모두 장점과 단점이 있지만 처음부터 여유가 있게 큰 테이블을 사용한다면 오픈 어드레싱법, 그렇지 않은 경우에는 오버플로 해시법을 사용합니다.

 지금까지의 설명에서는 해시 테이블과 기호 테이블을 같은 것으로 보고 설명했습니다. 하지만 실제로는 이를 나누어서 구현하는 것이 좋은 경우가 많습니다. 예를 들어 그림 6.2를 나누어서 그림 6.4처럼 만든다고 해 봅시다.

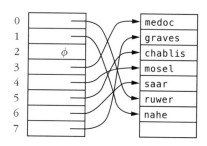

그림 6.4 해시 테이블과 기호 테이블 분리하기

(a) 이름을 해시 테이블에 넣으면 이름을 저장하기 위한 공간까지 잡아야 합니다. 따라서 테이블을 분리하면 해시 테이블에 포인터만 넣으면 되므로 해시 테이블에 더 많은 것을 담을 수 있습니다.

(b) 해시 테이블에서 이름의 위치는 해시 함수에 의해 결정되므로 정렬 순서 등을 예측하기 어렵습니다. 따로 분리하면 기호 테이블 내부에서 필요한 경우 적당한 순서로 변경해서 활용할 수 있습니다.

(c) 여러 개의 패스를 가지는 컴파일러의 경우 해시 테이블이 필요한 것은 첫 패스뿐입니다. 기호 테이블은 이후에도 필요합니다.

6.4 블록 구조와 기호 테이블

파스칼처럼 블록 구조를 갖는 언어에서 이름의 유효 범위는 해당 이름이 선언된 블록 내부에서만입니다. 참고로 해당 블록 내부에서 다른 블록이 선언되었다면, 그 안쪽 블록을 제외한 범위가 됩니다.

예를 들어 프로그램 6.1에서 프로시저 p의 앞에서 선언된 변수 a의 유효 범위는 p와 프로시저 q 내부에서만이며, 프로시저 r 내부에서는 제외됩니다. 따라서 할당문 (3)의 a는 프로시저 r에서 선언된 a입니다. 같은 할당문의 c는 p에서, b는 q에서 선언된 것을 나타냅니다. 참고로 몇 번 중첩된 블록 내부에 들어 있는지 나타내는 수를 블록 레벨이라고 부릅니다. p 내부는 레벨 0, q 내부는 레벨 1, r 내부는 레벨 2입니다. 다만 프로시저 이름 q는 레벨 0, r은 레벨 1입니다. 이처럼 프로시저 이름 레벨과 그 프로시저 내부의 레벨이 다른 것은 예를 들어 (5)에서 프로시저 q라는 이름은 볼 수 있지만((5)는 q의 유효 범위에 들어 있습니다), q 내부에서 신인되어 있는 것은 볼 수 없다는 점을 생각하면 쉽게 이해할 수 있을 것입니다. 프로시저의 매개변수 이름 레벨도 마찬가지로 생각하면, '프로시저_이름의_레벨+1'임을 알 수 있을 것입니다.

이름이 사용되고 있을 때 해당 이름이 어디에서 선언된 것인지 알아내려면, 기호 테이블을 스택 구조로 만들면 좋습니다. 예를 들어 프로그램 6.1의 컴파일러에서 (1), (2), (3), (4), (5) 각각의 시점에서 기호 테이블을 그림 6.5의 (i), (ii), (iii), (ii), (i)처럼 합니다. 그림에서 굵은 선은 블록 레벨의 경계선을 나타냅니다. 사용되고 있는 이름에 대응하는 선언을 탐색하는 것은 이 테이블의 아래에서 위로 하면 됩니다. 처음 찾아지는 것이 구하고자 하는 것입니다. 예를 들어 (3)의 a는 (iii)의 아래부터 탐색했을 때 테이블의 여덟 번째에 있는 a가 찾아집니다. 이 a는 프로시저 r에서 선언된 a입니다.

그림 6.5의 (iii)에서 (ii)로 이동할 때, 즉 프로시저 r의 분석을 완료하고 프로시저 q의 분석으로 이동할 때는 테이블의 8, 9, 10을 버리면(실제로는 포인터를

프로그램 6.1 │ 블록 중첩의 예

```
program p;
    var a, b, c;
    procedure q; ················································· (1)
        var b, d;
        procedure r, ············································ (2)
            var a, d, e;
            begin
                a := c+b; ········································ (3)
                call q;
                ...
            end;
        begin
            ...
            call r;
            c :=b ; ·············································· (4)
        end
    begin
        a := b+c; ················································ (5)
        call q;
        ...
    end
```

레벨 0 / 레벨 1 / 레벨 2

바꾸면) 됩니다. 다만 여러 개의 패스를 가진 컴파일러에서는 이후의 패스에서
추가로 이러한 테이블을 사용하는 경우가 있기도 합니다. 이러한 때는 이러한
테이블을 2차 저장소 등에 저장해 두어야 합니다.

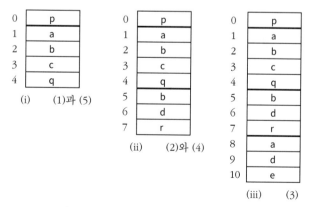

그림 6.5 프로그램 6.1에 있는 기호 테이블의 천이

이전 절에서 설명한 해시 테이블과 이러한 스택 테이블을 조합할 수도 있습니다. 이름을 찾을 때는 해시 테이블을 사용하고, 같은 이름이 같은 블록에 있는지 확인할 때는 블록 내부에서 외부로 연쇄적으로 찾을 수 있게 해 두면, 탐색을 굉장히 빠르게 할 수 있습니다. 이러한 방식을 사용하면, 예를 들어 그림 6.5의 (iii)은 그림 6.6처럼 됩니다. 다만 이 상태에서 (ii)에 대응하는 상태로 돌아가려면 단순하게 8, 9, 10을 버리는 것이 아니라 이를 가리키는 해시 테이블에서의 포인터도 변경해야 합니다. 이렇게 하려면 기호 테이블의 각 엔트리에 해시 테이블로 향하는 반대 방향의 포인터를 넣어 두어도 좋습니다.

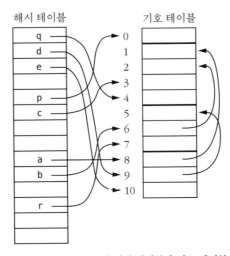

그림 6.6 프로그램 6.1의 해시 테이블과 기호 테이블

6.5 PL/0' 컴파일러의 기호 테이블

PL/0' 언어는 예약어가 그렇게 많지 않으므로 낱말 분석 단계에서 예약어인지 확인하는 것은 예약어 테이블을 선형 탐색하는 형태로 만들었습니다(4.4.3 참고).

변수 이름과 함수 이름 테이블도 PL/0' 프로그램에서는 그렇게 수가 많지 않을 것이라고 가정되므로 간단한 선형 탐색을 사용합니다. 다만 탐색을 조금이라도 빠르게 할 수 있게 센티널을 사용했습니다.

　기호 테이블과 관련된 프로그램은 부록의 table.h와 table.c에서 확인할 수 있습니다. 기호 테이블의 이름은 nameTable이며, 이름을 등록하는 함수 이름은 enterT로 시작합니다. 탐색을 하는 함수는 searchT입니다.

연습 문제

1. PL/0′ 컴파일러의 함수 nextToken에서는 예약어가 있는지 확인할 때 선형 탐색법을 사용하고 있습니다. 이를 이진 탐색을 사용하게 프로그램을 변경 하세요(keyWdT 테이블도 변경해야 합니다).

2. PL/0′ 컴파일러의 기호 테이블을 6.4절의 마지막에서 설명한 해시 테이블 과 스택 테이블을 활용한 것으로 변경해서 프로그램을 작성하세요.

7장

L e a r n i n g   C o m p i l e r

오류 처리

언어 정의에 따라 작성된 프로그램을 컴파일하려면 정의에 따라 처리하기만 하면 됩니다. 하지만 오류를 처리하는 것은 조금 복잡합니다. 어떤 오류가 발생할지에 대한 정의가 없고, 이를 예상할 수 없기 때문입니다. 이번 장에서는 오류 발견 방법, 오류 메시지 출력 방법, 오류 복구, 오류 처리 후 정상 처리로 복귀하는 방법에 대해 설명하겠습니다. 추가적으로 PL/0' 컴파일러에서 채용한 방법으로, 오류 메시지를 출력하는 대신 코드 전체에 오류 부분을 표시해 주는 방법도 설명하겠습니다.

7.1 오류 처리란?

지금까지는 프로그래밍 언어의 문법에 따라 정확하게 작성된 원시 프로그램을 처리하는 것에 대해 생각해 왔습니다. 하지만 실제로 컴파일러에 주어지는 원시 프로그램은 다양한 오류를 갖고 있습니다. 컴파일러는 올바르게 작성된 프로그램을 정확하게 처리하는 기능을 당연히 갖고 있어야 합니다. 하지만 잘못된 프로그램을 적절하게 처리하는 것도 이에 못지않게 중요합니다. 이러한 오류 처리가 약간 어렵습니다. 올바른 프로그램은 언어의 문법 규칙에 따라 작성된 것이지만, 오류의 형태는 천차만별이고 정해진 규칙이 따로 없기 때문입니다.

오류 처리에는 (1)오류 발견, (2)오류 정보 출력, (3)오류 복구, (4)정상 처리로의 복귀 등이 있습니다.

7.2 오류 발견

원시 프로그램을 처리하는 동안 문법과 맞지 않는 부분을 발견하면 그 부분이 바로 오류입니다. 따라서 단순히 오류를 찾아내는 것은 그렇게 어렵지 않습니다. 하지만 이러한 오류를 사용자가 깨닫게 하는 등의 후속 처리를 하려면, 여러 가지 추가적인 처리가 필요합니다.

오류에는 **문법 오류**(syntactic error)와 그 외 오류가 있습니다. 이 책에서는 후자를 **의미 오류**(semantic error)라고 부르겠습니다.[1]

7.2.1 문법 오류

구문 분석 방법은 5장의 앞부분에서 언급한 것처럼 여러 가지가 있습니다. 이러한 것들 각각에 따라 오류를 처리하면 됩니다. 이번 장에서는 5장에서 설명한 하향식 구문 분석에 대응되는 오류 처리 방법을 설명하겠습니다. 구문 오류는 구문 분석 프로그램이 프로그램을 분석하는 중에 정상적인 길에서 벗어나는 것을 통해 알 수 있습니다. 예를 들어 5.5절의 (8)에서 다음과 같은 프로그램을 만들어 보았습니다.

```
if (nextToken == a)
    nextToken = getToken();
else
    error();
```

이는 종단 기호 a가 아닌 다른 것이 왔을 경우 오류이므로 오류 처리 루틴을 호출하게 한 것입니다. 추가로 같은 절의 (4)에서는 다음 입력이 해당 시점에서

---

1 (옮긴이) 일반적인 프로그래밍 언어를 공부하고, 이 책을 보는 독자라면 이 구분을 'syntax error'와 'runtime error(exception)'로 생각하고 읽을 수도 있는데 전혀 다른 구분입니다. 문법 오류와 의미 오류는 모두 'syntax error'에 속합니다. 컴파일러의 입장에서는 프로그램을 읽어 들이면서 구문 해석 단에서 오류를 내면 문법 오류, 의미 해석 단에서 오류를 내면 의미 오류입니다.

생각할 수 있는 어떤 Director에도 들어 있지 않은 경우, 오류 처리 루틴을 호출하게 했습니다.

이처럼 5장에서 설명한 과정에 따라 구문 분석 프로그램을 작성하면, 해당 프로그램은 구문 오류를 찾아 줍니다. 하지만 오류가 있을 때 후속 처리를 생각하면 이것만으로는 충분하지 않습니다. 이와 관련된 내용은 이후 절에서 설명하겠습니다.

7.2.2 의미 오류

의미 오류로 찾아낼 수 있는 것들은 주로 이름의 선언과 그 사용에 모순이 있는 경우입니다. 따라서 의미 분석을 할 때 찾아낼 수 있습니다. 예를 들어 정수로 선언된 변수가 부동소수점으로 사용될 경우, 함수의 매개변수 개수가 일치하지 않는 경우 등이 있습니다. 일반적으로 기호 테이블에 적혀 있는 정보와 그 기호의 사용 방식이 다른 것을 통해 발견할 수 있습니다.

기호 테이블을 통해 오류를 발견할 수도 있지만, 기호 테이블에 추가 정보를 넣어서 오류를 더 자세히 탐색하거나 아예 다른 테이블을 만들어서 활용하는 경우를 생각해 볼 수도 있습니다. 예를 들어 키보드 입력 실수로 이름을 잘못 쳤을 경우, 이는 해당 위치에서만 나타나는 이름이 될 것입니다. 포트란처럼 변수 이름 선언이 없어도 사용할 수 있는 경우, 입력 실수가 있어도 문법적으로 어떠한 오류도 발생하지 않습니다. 파스칼과 C 언어처럼 변수 이름 선언이 필요한 프로그래밍 언어는 입력 실수 대부분이 변수 사용에 대응되는 선언이 있는지 찾기만 하면 발견됩니다. 하지만 후자의 언어도 선언은 되어 있지만 어디에서도 사용되지 않는 변수가 있을 수 있고, 사용되고는 있지만 할당문의 우변에서만 사용되고 좌변에서는 사용되지 않는 경우(변수에 값이 아예 할당되지 않고 쓰이는 경우)가 있을 수 있습니다. 이 또한 문법적으로는 오류가 아니지만, 입력 실수로 인해 발생한 것일 수 있습니다. 이러한 오류 또는 오류의 가능성이 높은 부분을 지적하는 것도 컴파일러에 필요한 작업입니다. 이를 구현하려면 변수가 사용될 때 해당 변수에 값이 있는지, 그 변숫값을 실제로 사용했는지 등을 기호 테이블에 입력해 두고, 최종적으로 테이블을 확인하면 됩니다.

프로그램의 흐름을 분석하기 위한 테이블도 생각해 볼 수 있습니다. 예를 들어 return 문, goto 문 직후의 문장을 향해 분기하는 구문이 없다면 무엇인가 잘못되었음을 알 수 있습니다. 또한 goto 문으로 외부에서 다른 함수 또는 반복문 내부로 진입하는 것과 같은 코드도 비교적 쉽게 찾을 수 있습니다.

어떤 변수에 값을 할당하는 코드(변수가 초기화되었는지)와 그 값을 사용하는 코드(변수를 참조하는지)가 있다고 할 때 할당 전에 변수가 사용되는 것을 찾기란 조금 어렵습니다. 최적화 컴파일러라고 부르는 컴파일러에서는 목적 코드 최적화를 위해 **프로그램 흐름 분석**(control flow analysis), **데이터 흐름 분석**(data flow analysis) 등을 합니다. 여기에서 데이터 흐름 분석은 어디에서 정의된 값이 어디에서 참조되는지 분석하는 것입니다. 이러한 최적화를 위한 분석의 부산물로 참고 전에 초기화되었는지 등과 같은 오류를 찾을 수 있습니다. 다만 프로그램 내부에는 여러 종류의 분기가 있으므로 컴파일 시점에 데이터 흐름을 완전하게 파악하는 것은 불가능합니다. 따라서 오류 가능성이 있다고 지적하는 정도만 가능합니다. 이러한 오류를 완전하게 확인하려면, (목적 프로그램) 실행 때에 추가 검사가 필요합니다.

실행 시에 검사를 하려면 목적 프로그램 내부에 검사를 위한 코드를 넣어 두어야 합니다. 예를 들어 포인터가 가리키는 내용을 추출하려면, 포인터의 값을 확인하고 나서 추출하게 합니다. 배열 요소를 참조할 때는 인덱스의 값이 배열에 선언된 범위 내부에 들어 있는지 확인하게 합니다. 하지만 실행할 때 이런 확인을 하면, 실행 효율을 떨어뜨리므로 일반적으로는 컴파일러의 추가 옵션으로 지정하게 만듭니다. 디버그 중에는 이러한 코드를 넣고 디버그 이외의 경우에는 이러한 코드를 뺄 수 있게 하는 것이 좋습니다.

7.3 오류 정보 출력

원시 프로그램의 오류를 발견했다면, 이를 사용자(해당 프로그램을 작성한 사람)에게 알려 주어야 합니다. 이렇게 출력하는 것을 오류 메시지라고 부릅니다. 오류 메시지는 사용자가 이해하기 쉬운 형태로 만들어야 합니다.

일단 오류 위치를 이해하기 쉽게 지적해 주어야 합니다. 일반적으로 구문 분석 중에 발견된 오류는 원시 프로그램을 출력하면서 그 아래에 화살표 등으로 지적하며 출력합니다. PL/0′ 컴파일러로 오류를 지적한다면, 예를 들어 다음과 같이 합니다.

```
const m = 7, n = 85
var x, y;
    ^
*** error *** semicolon expected
```

앞의 두 줄이 원시 프로그램(의 일부)이고 나머지 두 줄이 오류 메시지입니다. ^가 오류 위치를 지적하는 것입니다. 다만 이 오류 메시지가 그렇게 친절하다고 말할 수는 없습니다. 현재 오류는 첫 번째 줄의 마지막에 써야 하는 ;를 잊은 것인데, 컴파일러는 85의 다음 토큰인 var을 읽어 들일 때에야 ;이 오지 않았다는 것을 알 수 있어서 메시지가 이렇게 출력되는 것입니다. 컴파일러의 내부 처리 방식을 아는 입장이라면 그렇게까지 불친절한 것은 아닙니다.[2] 더 친절하게 만들려면 85 직후의 위치에 오류 메시지를 출력할 때 '현재 읽은 토큰뿐만 아니라 그 앞의 토큰 그리고 그 사이의 공백과 줄바꿈까지 살펴보세요'라고 출력하면 될 것입니다. 이 책의 PL/0′ 컴파일러에서는 이런 방식을 사용하겠습니다.

어떤 종류의 오류 발견을 위해 만들어진 장치로 찾은 오류는 적절한 오류 메시지를 출력하면 되지만, 컴파일러에 정의되지 않아 정상적인 처리를 하지 못해서 발생한 오류는 찾기 어려워서 사용자에게 친절한 메시지를 출력할 수 없습니다. 컴파일러는 해당 부분까지 제대로 된 프로그램이라고 생각하고 처리하는데, 갑자기 이상한 것이 나왔다고 해서 오류 메시지를 출력하지만, 이 오류의 실제 원인은 그 앞에 있었으므로 오류 메시지를 제대로 전달할 수 없는 것입니다. 오류 메시지를 어떻게든 알기 쉽게 하려면, 컴파일러가 해당 시점까

---

2 (옮긴이) 실제 상용 프로그래밍 언어인 C, C++, 자바, C# 모두 이러한 형태로 오류를 출력하기도 합니다.

지 프로그램을 어떻게 분석했는지 알려 주는 것도 좋은 방법입니다.[3]

추가로 토큰의 종류에 따라 글꼴을 바꿔서 출력하는 것도 메시지를 친절하게 출력할 수 있는 방법입니다. 이 책의 PL/0′ 컴파일러는 이러한 방식을 사용합니다.

7.4 오류 복구

오류 복구는 잘못된 곳을 올바르게 교체하는 것을 의미합니다.[4] 복구라는 것은 일반적으로는 불가능하지만, 간단하다면 복구할 수 있습니다.

,와 ;은 프로그램 내부에서 다양한 구분을 위해 사용됩니다. 하지만 이를 잊거나 쓸데없이 여러 번 사용할 수도 있습니다. 이를 컴파일러가 구분할 수 있다면 간단한 오류 복구가 가능합니다. 예를 들어 다음과 같이 정의되는

varDecl

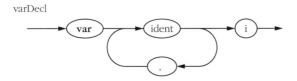

varDecl 구문 분석 프로그램 varDecl()은 5장의 순서에 따르면 프로그램 7.1과 같습니다(키워드 var을 읽고 나서 이를 호출합니다). 이 프로그램에서는 구분자로 ,를 잊으면 바로 오류가 발생합니다. 이를 프로그램 7.2처럼 복구하게 만들 수 있습니다. errorInsert(Comma)에서는 '쉼표가 부족해서 삽입했다'는 메시지를 출력하게 합니다.

---

3 (옮긴이) 현재 문단에서 언급하는 오류는 예외(또는 런타임 오류)입니다. 실행 중에만 오류를 알 수 있으므로 오류 메시지를 제대로 전달할 수 없습니다. 대부분의 상용 프로그래밍 언어가 디버그 모드에서 예외가 발생하면, 스택 트레이스(stack trace)를 출력하는데 이것이 바로 '컴파일러가 해당 시점까지 프로그램을 어떻게 분석했는지 알려 주는 것'의 예입니다.
4 (옮긴이) 이번 절부터의 내용은 일반적인 프로그래밍 언어에서는 볼 수 없는 내용입니다. 컴파일러의 조금 더 실험적인 내용이라고 생각하고 보기 바랍니다.

프로그램 7.1

```
void varDecl()
{
    while (1) {
        if (token.kind == Id)
            token = nextToken();
        else
            error();
        if (token.kind != Comma) break;
        token = nextToken();
    }
    if (token.kind == Semicolon)
        token = nexToken();
    else
        error();
}
```

프로그램 7.2

```
void varDecl()
{
    while (1) {
        if (token.kind == Id)
            token = nextToken();
        else
            error();
        if (token.kind != Comma) {
            if (tokenkind == Id) {
                errorInsert(Comma);
                continue;
            } else
                break;
        }
        token = nextToken();
    }
    if (token.kind == Semicolon)
        token = nextToken();
    else
        error();
}
```

이를 일반화하려면 5.5절의 (6)에서 β_2가 종단 기호 a일 때는 다음 (6')처럼 하면 됩니다.

(6') $T(\{\beta_1//a\})$는 다음과 같습니다.

```
while (1) {
    T(β₁)
    if (nextToken != a) {
        if (nextToken ∈ First(β₁)) {
            errorInsert(a);
            continue;
        } else
            break;
    }
    nextToken = getToken();
}
```

하지만 이와 같이 해도 β_1이 이전에 설명한 예보다도 더 복잡한 형태라면, β_1 내부에 오류가 있어서 해당 위치까지밖에 읽을 수 없었을 때는 나머지 토큰에 대해 위의 판정이 이루어지므로 추가로 $a\beta_1$이 이어지는 경우에도 이 루프를 빠져 나갑니다. 오류가 있는 경우의 처리는 다음 절에서 다루겠지만, 그것까지 고려하면 (6')을 다음 (6'')과 같이 하면 됩니다.

(6'') $T(\{\beta_1//a\})$는 다음과 같습니다.

```
flag = 1;
while (flag) {
    T(β₁)
    while (1) {
        if (nextToken == a) {
            nextToken = getToken();
            flag = 1; break;
        }
        if (nextToken ∈ First(β₁)) {
            errorInsert(a);
            flag = 1; break;
        }
```

```
        if (nextToken ∈ Follow({β₁//a})) {
            flag = 0; break;
        }
        nextToken = getToken();
    }
 }
```

그런데 (6″)처럼 하면 이번에는 Follow({β₁//a}) 작성을 잊어버렸을 때 이 루프에서 벗어나기 어렵습니다. 이처럼 오류 처리 문제는 일반적으로 쉽지 않습니다. 이 책의 PL/0′ 컴파일러에서는 constDecl과 varDecl에 (6′)을 적용하고, begin과 end로 감싸진 statement의 예에 대해서는 (6″)을 적용합니다.

추가적인 간단한 오류 복귀 방법으로 5.5절의 (8)의 작성을 살펴봅시다.

(8) a가 종단 기호일 때 T(a)는 다음과 같이 합니다.

```
if (nextToken == a)
    nextToken = getToken();
else
    error();
```

앞 코드에서 nextToken이 a가 아닐 때 단순하게 오류를 발생시킬 뿐만 아니라 그곳에 a가 있는 것처럼 복구하는 방식입니다. 하지만 이때 현재 읽은 토큰을 a로 변경해야 하는지, 그 앞에 a를 삽입해야 하는지가 문제가 됩니다. 어떻게 할지 T(a)를 만들 때보다 치밀하게 결정할 수도 있지만, 간단하고 일반적인 방법으로는 다음과 같은 방법이 있습니다. 종단 기호 a로는 영문자 철자로 구성된 예약어, ,와 = 등의 특수 기호로 구성된 것, 사용자가 만든 것이 있습니다. 이때 '지금 읽어 들인 토큰'과 '거기에 있어야 하는 토큰' 모두가 예약어이거나 양쪽이 특수 기호로 구성된 것이라면 뭔가 잘못 입력했다고 판단하고, 그렇지 않다면 쓰는 것을 잊었다고 생각해서 삽입하는 방법입니다. 물론 이것이 모든 경우에 적합하지는 않지만, 어느 정도 잘 동작합니다. 이 책의 PL/0′ 컴파일러도 이런 방식을 씁니다.

잘못 쓴 변수 이름과 예약어 또는 타자 실수도 어느 정도 복구할 수 있습니다. 예를 들어 기호 테이블을 탐색해서 한 글자 정도 오탈자가 있는 키워드를 발견할 경우(더 있는 경우, 없는 경우, 다른 글자로 쓰인 경우), 이를 바꿨을 때 코드가 정상적으로 실행된다면 바꾸어 버리는 것입니다.

지금까지 설명한 것처럼 간단한 것뿐만 아니라 더 넓은 범위의 복구를 시도하는 컴파일러도 있습니다. 이러한 시도가 어느 정도 성공하는 경우도 있지만, 오류의 종류는 천차만별이고 컴파일러 설계자가 생각하지 못한 종류의 오류가 발생하면, 복구하려다 오류가 더 늘어나는 문제가 생길 수 있습니다.

7.5 정상 처리로의 복귀

일반적으로 원시 프로그램에는 여러 개의 오류가 있다고 생각해야 합니다. 한 번의 컴파일로 오류를 가능한 한 많이 찾아내는 것이 좋습니다. 이렇게 하려면 오류가 있어도 컴파일을 계속할 수 있게 가능한 한 빨리 정상적인 처리로 돌아와야 합니다. 하지만 어떤 오류가 영향을 미치는 부분이 어디까지인지 판정하는 것은 굉장히 어려운 일입니다. 주어진 언어의 문법에 대해 이러한 정상 처리로의 복귀를 포함한 구문 분석 프로그램을 자동 생성하는 방식이 연구되고는 있지만, 실용화된 것은 아직 없습니다.

실용적인 방법을 한 가지 소개해 보자면 다음과 같습니다.

정상 처리로 복귀하지 않고 먼저 오류를 발견한 곳에서 컴파일을 중지하고 텍스트 편집기를 실행해서 원시 프로그램에서 오류가 발생한 위치를 화면에 표시하며 오류 메시지도 함께 출력합니다. 사용자는 이를 보고 텍스트 편집기에서 프로그램을 수정하고 다시 컴파일합니다. 오류 처리가 완전하게 작동하는 것은 아니고, 부족한 부분은 사용자가 추가해 주는 방식입니다. 하지만 오류를 많이 포함하고 있는 프로그램에서는 굉장히 귀찮고 번거로울 것입니다.

비르트가 PL/0 컴파일러에서 사용한 방식(참고 문헌 [Wirth 76])은 비교적 간단한 알고리즘으로, 적당하게 정상 처리로 복귀합니다('적당'하다는 것이 '최적'이라는 것은 아닙니다. 간단한 알고리즘의 역할로서 비교적 적절하다는 의미입니다). 이는 (1)패닉을 일으키지 않는다(don't panic rule), (2)예약어를 활용한다(keyword rule)라는 방침을 사용합니다.

재귀적 하향식 구문 분석 프로그램은 여러 가지 프로시저로 구성되며 이러한 프로시저를 차례대로 호출하면서 구문 분석을 진행합니다. 그리고 어떤 프로시저 B에서 오류를 발견했을 때 B에서 오류 처리를 하지 않고 B를 호출한 프로시저 A로 돌아오면 A에서는 처리할 수 없습니다. 마찬가지로 A를 호출한 A의 부모도 영향을 받습니다. 이와 같이 처리가 곤란한 것을 넘겨받아 공황이 걸리는 상태를 패닉(panic)이라고 부릅니다. 오류를 발견한 프로시저에서 정상 처리로 복귀하기 위한 처리까지가 (1)의 규칙입니다. 이를 위해서는 프로시저 A에서 프로시저 B를 호출할 때 B에서 정상적으로 처리되어야 하는 것의 직후에 후속 기호(follow symbol)를 매개변수로 전달합니다. B에서 오류가 발견되면 A에서 전달받은 기호가 나올 때까지를 읽어서 버린 뒤 A로 돌아오면 됩니다.

위의 후속 기호를 쓰고 잊어버리는 오류가 있을 수도 있으므로 후속 기호가 나올 때까지 읽어서 버리는 것만으로는 위험할 수 있습니다. 그래서 읽고 버리는 처리를 정지시킬 수 있는 정지 기호(stopping symbol)를 생각해야 합니다. 정지 기호로는 예약어를 생각해 볼 수 있습니다. 언어의 주요 구문 요소가 모두 예약어로 시작하는 언어에서 예약어를 정지 기호로 사용하면, 적어도 다음 주요 구문 요소부터는 정상 처리로 돌아갈 수 있습니다. 이것이 (2)의 규칙입니다. 정지 기호도 후속 기호도 모두 매개변수로 전달하면 됩니다.

비르트가 이 이후에 고안한 방식(참고 문헌 [Wirth 86], [Moss 90])은 오류를 발견한 프로시저가 후속 처리를 하지 않고, 오류를 발견하면 그대로 두고 다음에 무언가 결정이 되는 처리를 할 때 그 앞의 기호가 나올 때까지 읽어서 버리는 것입니다. 예를 들어 statement 처리를 할 때 First(statement)가 나올 때까지 모두 읽어서 버리는 것입니다. 이와 같은 지점을 동기점(synchronization point)이라고 부릅니다. 전자의 방식은 올바른 프로그램 처리를 할 때에도 프로시저를 호출할 때마다 후속 기호와 중지 기호의 집합을 계산하고 전달해야 하므로 속도가 느립니다. 하지만 후자의 방식은 First(statement) 등을 컴파일러를 만들 때 알 수 있으므로 읽고 버리는 처리를 컴파일러 내부에서 모두 빠르게 처리할 수 있습니다. 물론 컴파일러를 만들 때 어디까지 읽고 버릴지, 즉

'동기점을 어디로 잡을지'와 관련된 생각을 미리 해야 합니다.

이전 절의 $(6'')$에서는 $T(\beta_1)$ 직후가 동기점으로 되어 있어서 β_1 a, Fol-low($\{\beta_1//a\}$)가 나타날 때까지 읽어서 버리게 되어 있습니다.

7.6 PL/0′ 컴파일러의 오류 처리

PL/0′ 컴파일러에서는 오류 메시지를 출력하는 대신, 컴파일러가 원시 프로그램의 각 토큰을 어떻게 처리했는지 서로 다른 글꼴로 표현합니다. 이를 위해 컴파일러 출력을 레이텍 형식으로 합니다. 따라서 출력 결과를 볼 수 있게 레이텍 처리 시스템을 활용해야 합니다.

토큰의 종류와 글자체를 정리해 보면 다음과 같습니다.

- 예약어: 굵은 글씨, 예를 들어 const는 {\bf const}로 출력합니다.
- 함수 이름: 이탤릭체, 예를 들어 gcd는 {\it gcd}로 출력합니다.
- 매개변수 이름: 기운 글씨, 예를 들어 x는 {\sl x}로 출력합니다.
- 상수 이름: 산세리프체, 예를 들어 m은 {\sf m}으로 출력합니다.
- 변수 이름: 일반 글씨체, 예를 들어 a는 a로 출력합니다.
- 삽입한 토큰: 토큰은 사각형으로 감쌉니다.
- 읽어서 버린 토큰: 토큰을 두꺼운 사각형으로 감쌉니다.
- 이름 사용 오류: 이름 위에 작은 글씨를 출력합니다.

예를 들어 프로그램 7.3이 ex1이라는 이름의 파일에 들어 있다면, 이를 컴파일한 결과로 ex1.tex이라는 이름의 파일을 출력합니다. 이를 보면 그림 7.1과 같습니다. 이 프로그램은 오류가 있는 PL/0 프로그램(참고 문헌 [Wirth 76])을 PL/0′ 프로그램으로 변경한 것입니다.

정상 처리로 복귀하는 방식으로 동기점을 설정하는 방법을 사용했습니다. 구체적으로는 문장의 앞부분에서 동기하는데, 즉 문장을 컴파일하는 시점에 문장 앞의 토큰이 나타날 때까지 읽어서 버리게 했습니다.

프로그램 7.3

```
const m = 7, n = 85
var x, y;

function multiply(x, y)
    var a, b, c
begin a := u; b := y; c := 0
    while b > 0 do
    begin
        if odd b do c := c+a;
        a := 2a; b := b/2
    end;
    return c
end;

function divide(x, y);
    var r,q,w;
    const two = 2, three := 3;
begin r := x; q := 0; w := y;
    while w <= r do w := two*w;
    while w > y do
        begin q := (2*q; w := w/2);
        if w <= r then
            begin r := r-w q := q+1
            end
        end;
    return q
end;

function gcd(x, y)
begin
    if x <> y then
        begin if x<y then return gcd(x, y-x);
            return gcd(x-y, y)
        end;
    return x
end;

function gcd2(x, y)
begin
    while x <> y do
        begin if x<y then y := y-x;
            if y<x then x := x-y;
```

```
        end;
    return x
end;

begin
    x := m; y := n;
    write x; write y; write multiply(x, y); writeln;
    x := 84; y := 36;
    write x; write y; write gcd(x, y); write gcd2(x, y);
    wrteln;
    write x(y); write divide(x,gcd); gcd = x; writeln
end.
```

const m = 7, n = 85⬚

var x, y⬚

function *multiply*(x, y)

    var a, b, c⬚

begin a := u⬚; b := y; c := 0⬚
_{undef}

    while b > 0 do

    begin

      if odd b ⬚do⬚ ⬚then⬚ c := c+a;

      a := 2⬚⊗⬚a; b := b/2

    end;

    return c

end;

function *divide*(x, y)⬚

    var r, q, w⬚

    const two = 2, three ⬚:=⬚ ⬚=⬚ 3;

begin r := x; q := 0; w := y;

    while w <= r do w := two*w;

    while w > y do

      begin q := (2*q⬚:⬚⬚)⬚⊗w ⬚:=⬚ ⬚w⬚/⬚2⬚);

```
            if w <= r then
                begin r := r−w⊗q := q+1
                end
        end;
    return q
end;


function gcd(x, y)
begin
    if x <> y then
        begin if x < y then return gcd(x, y−x);
            return gcd(x−y, y)
        end;
    return x
end;


function gcd2(x, y)
begin
    while x <> y do
        begin if x < y then y := y−x;
            if y < x then x := x−y;
        end;
    return x
end;
begin
    x := m; y := n;
    write x; write y; write multiply(x, y); writeln;
    x := 84; y :=36;
    write x; write y; write gcd(x, y); write gcd2(x, y); writeln;
    write x⊗(y); write divide(x, gcd()); gcd = := x; writeln
end.
```

그림 7.1 레이텍 출력

연습 문제

1. 다양한 오류가 있는 PL/0′ 프로그램을 기반으로 PL/0′ 컴파일러가 어떠한 출력을 내는지 알아보세요. 적절하지 못한 출력을 하는 경우가 있다면 왜 그런 출력이 나오는지 생각해 보세요.

2. 다른 컴파일러로 1번과 같은 활동을 해 보세요.

8장

L e a r n i n g   C o m p i l e r

가상 머신과 통역 시스템

목적 코드를 기계어 코드로 생성하는 것이 아니라 원시 언어에 맞는 가상 계산기가 있다고 생각하고 가상 계산기의 목적 코드를 생성하면 컴파일러가 간단해집니다. 가상 머신이란 일반적으로 스택을 가지는 스택 머신입니다. 이 스택은 연산 수행뿐만 아니라 기억 영역 관리에도 사용됩니다. 이번 장에서는 가상 머신, 원시 프로그램을 목적 코드(가상 머신 언어)로 변환하는 방법, 목적 코드를 실행하는 방법(가상 머신의 통역 시스템)을 설명합니다. 마지막으로 PL/0′ 머신(PL/0′ 언어를 위한 가상 머신)을 설명하고, 소스 프로그램과 목적 코드의 대응 예를 살펴봅니다.

8.1 가상 머신이란?

원시 프로그램을 실제 계산기의 기계어로 변환하는 것이 아니라 그 언어에 적합한 가상 계산기가 있다고 생각하고 그러한 가상 기계어로 변환하면 컴파일러가 간단해집니다. 1장에서 설명했던 것처럼 목적 프로그램을 실행하려면, 이를 분석하고 실행하는 프로그램(이를 통역 시스템 또는 인터프리터라고 부릅니다)이 있으면 좋습니다.

지금까지 가상 계산기로 생각할 수 있는 것은 후위 표기법을 기본으로 하는 것이 대부분입니다. 2장에서 설명한 것처럼 후위 표기법으로 변환하는 것도,

후위 표기법의 식을 계산(프로그램을 실행)하는 것도 비교적 단순하게 할 수 있기 때문입니다. 이 머신은 식을 계산할 때 스택을 사용하므로 스택 머신이라고 부릅니다.

8.2 가상 머신의 기능

스택을 가진 가상 머신 명령으로 생각해 볼 수 있는 것은 스택에 데이터를 넣는 로드(load) 명령과 데이터를 스택에서 꺼내서 메모리에 저장하는 스토어(store) 명령, 스택의 데이터를 사용해서 계산하는 명령, if 문과 while 문을 실행하기 위한 분기 명령, 함수 호출 등을 구현하기 위한 호출(call) 명령, 함수를 호출한 곳으로 돌아오기 위한 리턴(return) 명령 등이 있습니다. 뒤의 명령 3개는 프로그램의 실행 흐름을 제어하는 명령이므로 제어 명령이라고 부릅니다.

일반적으로 명령어는 '명령의 기능을 나타내는 부분'과 '그 기능 대상을 나타내는 부분'으로 구성됩니다. 전자는 기능부(function part) 또는 조작부(operation part)라고 부르며, 후자는 주소부(address part)라고 부릅니다.

8.2.1 로드/스토어 명령

로드 명령은 변숫값을 로드하는 것과 상숫값을 로드하는 것으로 나눌 수 있습니다. 변숫값은 변수에 할당된 메모리로부터 로드합니다. 따라서 이 로드 명령의 주소부에는 변수의 메모리 주소가 들어 있어야 합니다. 상숫값은 명령어 내부에 값이 아예 들어 있는 것이 간단하므로 일반적으로 이렇게 구현합니다. 이러한 차이는 기능부로 구별합니다. 후자는 전자와 구별해서 리터럴 명령, 상수 명령이라고 따로 부릅니다. 리터럴 명령은 주소부에 상숫값이 들어 있습니다.

로드 명령은 변숫값을 로드하는 기능뿐만 아니라 변수 주소를 로드하는 기능이 필요한 경우도 있습니다.

8.2.2 연산 명령

연산 명령으로는 산술 연산, 비교 연산, 논리 연산 등이 있습니다. 스택 머신에서 연산 명령은 스택의 탑에 있는 (여러 개의) 데이터를 처리합니다. 연산에 사용되는 데이터가 1개인 단항 연산은 스택 탑의 데이터 1개를 활용하며, 연산에 사용되는 데이터가 2개인 이항 연산은 스택 탑의 데이터 2개를 활용합니다. 연산 결과는 일반적으로 스택 탑에 다시 넣습니다. 연산의 종류는 명령어의 기능부로 지정할 수도 있습니다. 또한 기능부에서는 연산 명령이라는 것만 지정하고 계산의 종류는 주소부로 나타낼 수도 있습니다.

배열 자료형의 데이터를 다룰 수 있는 프로그래밍 언어에서는 배열 이름과 인덱스의 값으로 배열 요소의 값(또는 주소)을 추출하는 것도 하나의 명령으로 실행하면 좋습니다. 예를 들어 e가 이차원 배열로 선언되었을 때, 식 내부에 있는 r[e1, e2]의 목적 코드는 다음과 같으면 됩니다.

| e1의 목적 코드 |
| e2의 목적 코드 |
| loadaddr a(r) |
| opr array2 |

여기에서 loadaddr a(r)은 기능부가 loadaddr, 주소부가 a(r)인 명령으로 a(r)은 배열과 관련된 선언 정보가 들어 있는 주소라고 하겠습니다. 또한 opr array2는 이차원 배열의 요소를 추출하는 명령으로 하겠습니다. 이 코드를 실행하면, 일단 e1의 값이 스택에 들어가고, 그 위에 e2의 값이 들어갑니다. 이어서 그 위에 배열 r의 선언 정보가 들어 있는 주소가 들어가고, 이차원 배열의 요소를 추출하는 명령이 실행될 것입니다.

8.2.3 분기 명령

if 문(의 목적 코드)을 실행하려면 분기 명령이 필요합니다. 예를 들어 다음을 실행하려면,

```
if condition1 then statement1;
```

일단 condition1을 계산하고 이 값이 참일 때 statement1을 실행하고, 거짓이라면 statement1 부분을 건너뛰면 됩니다. 즉, 이 목적 코드는 다음과 같을 것입니다.

condition1의 목적 코드
jpc b1
statement1의 목적 코드
b1 : 다음 문장의 목적 코드

여기에서 jpc b1은 기능부로 jpc, 주소부로 b1이 들어 있는 명령으로 스택 탑의 데이터가 참일 때 b1 주소(의 명령 위치)로 건너뛰는 명령입니다. jpc는 'jump on condition'을 의미합니다.

　while 문 실행에도 분기 명령이 필요합니다. 예를 들어 while condition2 do statement2;의 목적 코드는 다음과 같으면 됩니다.

b2 : condition2의 목적 코드
jpc b3
statement2의 목적 코드
jmp b2
b3 : 다음 문장의 목적 코드

여기에서 jmp b2는 b2번지(의 명령 위치)로 무소건 이동하라는 명령입니다.

8.2.4 호출/리턴 명령
함수 호출 명령과 리턴 명령은 다음 절(기억 영역 관리)에서 설명하겠습니다.

8.3 가상 머신의 기억 영역 관리

기억 영역 관리란 변수 등에 기억 영역을 할당하거나 이것이 불필요하게 되었을 때 해제하는 것을 의미합니다. 기억 영역 관리 방법은 프로그래밍 언어에 맞춰서 생각해야 합니다.

　일반적으로 실행 때의 기억 영역은 (1)실행 중에 할당이 변화하지 않는 정적 기억 영역(static area), (2)블록을 들락날락하면서 블록별로 할당/해제해야 하는 스택 기억 영역(stack area), (3)실행 중에 필요한 만큼 데이터를 할당할 수 있는 힙 영역(heap area) 등으로 구성됩니다. 그럼 (2)에 대해 자세히 살펴봅시다.

예제로 6.4절의 프로그램 6.1을 다시 살펴봅시다(프로그램 8.1). 이 프로그램은 각각의 프로시저가 지역 변수(local variable)를 갖고 있습니다. 예를 들어 프로시저 q의 지역 변수는 b, d입니다. 프로시저 q는 그 프로시저 내부(프로시저 r)에서 호출되므로 재귀 프로시저입니다. 이와 같은 재귀 프로시저의 지역 변수는 정적 기억 영역으로 할당할 수 없습니다. 프로시저가 몇 번 재귀적으로 호출될지 실행해 보기 전에는 알 수 없습니다. 그리고 각각의 호출 때 지역 변수는 모두 독립적으로 할당되어야 합니다.

이와 같은 상황에서는 스택을 사용하면 좋습니다. 프로시저가 호출될 때 그 프로시저의 지역 변수 위치를 스택 위에 할당하고, 프로시저에서 리턴될 때 그 영역을 해제하는 것입니다. 프로그램 8.1에서 메인 프로그램 p에서 q, q에서 r 순서로 호출될 때 스택 영역의 할당을 그림으로 나타내면 그림 8.1의 오른쪽과 같습니다.

프로그램 8.1 **프로그램 들여쓰기의 예**

```
program p;
    var a, b, c;
    procedure q;                                          ①
        var b, d;
        procedure r,                                      ②
            var a, d, e;
            begin
                a := c+b;                                 ③
                call q;
                ...
            end;
        begin
            ...
            call r;
            c :=b ;                                       ④
        end
    begin
        a := b+c;                                         ⑤
        call q;
        ...
    end
```

레벨 0 / 레벨 1 / 레벨 2

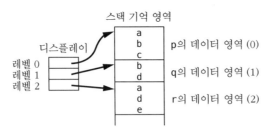

그림 8.1 프로그램 8.1 실행 때의 기억 영역 (1)

어떤 프로시저에서 참조할 수 있는 것은 '해당 프로시저의 지역 변수'와 '해당 프로시저를 감싸고 있는 프로시저의 지역 변수'입니다. 이러한 경우, 이는 데이터 영역 (2)와 (1)과 (0)에 할당되어 있는 변수입니다. 블록 레벨로 말하면 레벨 2와 레벨 1과 레벨 0 영역에 있으며, r의 목적 코드를 실행하기 위해서는 이 영역이 어디에 있는지 알아야 합니다. 이를 위해서는 현재 참조할 수 있는 영역의 위치가 어떤 레벨에 있는지 알면 됩니다. 이와 같은 정보를 정리한 것을 디스플레이라고 부릅니다. 이는 그림 8.1에도 표시했습니다.

그림 8.1의 상태에서 추가로 r에서 q를 호출할 때는 그림 8.2의 상태가 됩니다. 새로운 q를 위한 영역 (1′)를 할당하고, q에서 참조할 수 있는 것은 그 영역과 영역 (0)뿐입니다. 영역 (1)과 (2)는 이때 참조할 수 없습니다. q에서 r로 돌아왔을 때는 다시 그림 8.1처럼 되므로 참조할 수 있어야 합니다. 이를 위해서는 그림 8.1에서 그림 8.2로 이동할 때 적어도 디스플레이 레벨 1의 정보를 어딘가에 퇴피[1]해 두었다가 그림 8.1로 돌아올 때 이를 복원해야 합니다. 디스플레이 레벨 2의 정보도 퇴피시켜 두어야 한다고 생각할 수도 있겠지만, 사실 디스플레이 퇴피와 복구는 이 한 번만으로 충분합니다. 다만 이렇게 하려면 '레벨 i의 프로시저를 호출할 때에는 반드시 디스플레이 레벨 i의 내용을 퇴피해 두고, 거기에서 돌아올 때는 반드시 레벨 i의 내용을 복구'해야 합니다. 예를 들어 그림 8.2의 상태에서 추가로 두 번째 r 호출이 있더라도 이때 레벨 2의 퇴피/복구가 이루어지므로 그림 8.1에서의 q 호출 때 레벨 2의 퇴피를 할 필요가 없는 것입니다.

---

1 (옮긴이) 이동 후에 원래 상태로 돌아가기 위한 정보를 저장해 두는 것을 '퇴피'라고 부르고 이러한 정보가 저장된 곳을 '퇴피 장소'라고 부릅니다. 구문 중첩, 함수 호출 등에 활용됩니다.

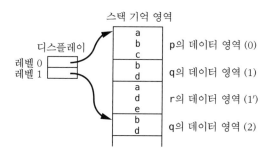

그림 8.2 프로그램 8.1 실행 때의 기억 영역 (2)

디스플레이의 내용을 퇴피할 장소도 스택으로 만들면 좋습니다. 이 이외에도 리턴 주소(호출한 명령(call 명령)의 다음 명령 주소)를 기억해 두는 것이 좋습니다. 이것도 스택 영역에 넣어 두면 좋습니다. 참고로 현재 스택의 탑이 어디 있는지 나타내는 정보도 필요합니다. 새로운 영역이 여기부터 할당되어야 하기 때문입니다. 영역을 모두 해제하면 그 값을 영역의 크기만큼 줄여서 돌아오면 됩니다. 다만 이 정보를 별도로 퇴피하고 복구할 필요는 없습니다. 필요한 정보는 이미 디스플레이에 들어 있기 때문입니다. 즉, 레벨 i의 프로시저 실행 중에는 해당 프로시저의 영역 맨 앞의 주소가 디스플레이 i에 들어갑니다. 해당 프로시저에서 돌아올 때 해당 영역을 해제하려면, 해당 영역의 맨 앞 주소를 리턴 때의 스택 탑으로 만들기만 하면 됩니다.

이러한 정보를 넣어서 그림 8.1을 다시 그리면 그림 8.3이 됩니다. RetAdr은 리턴 주소가 저장되어 있다는 것을 나타냅니다. 각 데이터 영역의 탑이 디스플레이 퇴피 장소이지만, 처음에는 디스플레이에 아무것도 들어 있지 않으므로 처음 3개의 퇴피 내용은 의미가 없습니다. 영역 (1′)의 퇴피 장소로는 앞의 레벨 1의 내용이 들어갑니다(내용을 화살표로 표시했습니다).

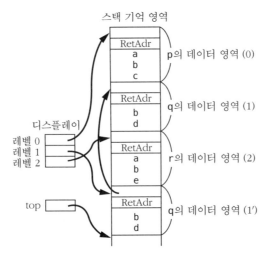

그림 8.3 프로그램 8.1 실행 때의 기억 영역 (3)

기억 영역과 디스플레이를 위와 같이 관리하면, 이전 절에서 생략했던 호출 명령과 리턴 명령을 다음과 같이 하면 됩니다. 다만 지금 여기에서 설명할 수 있는 것은 매개변수 없는 프로시저 호출입니다. 매개변수 있는 함수 호출은 이후에 다시 설명하겠습니다.

8.3.1 호출/리턴 명령

프로시저 호출 명령은 호출되는 '프로시저의 레벨 i'와 '프로시저 목적 코드 앞부분의 주소'를 지정합니다. 이러한 호출을 실행할 때에는 다음과 같이 처리하면 됩니다.

- 디스플레이 레벨 i의 내용과 리턴 주소를 스택 탑과 그다음에 넣음(디스플레이 레벨 i와 리턴 주소 퇴피).
- 스택 탑의 내용을 디스플레이 레벨 i에 넣음(이는 탑 퇴피로도 작용합니다)
- 스택 탑의 내용을 호출한 프로시저의 데이터 영역만큼 늘려 둠

프로시저에서 리턴하는 명령은 해당 프로시저 레벨 i를 지정합니다. 이런 명령 실행에서는 호출할 때의 조작을 다음과 같이 역으로 하면 됩니다.

- 디스플레이 레벨 i의 내용을 탑에 넣음(탑을 복구, 데이터 영역 해제)
- 탑이 나타내는 주소의 내용을 디스플레이 레벨 i에 넣음(레벨 i 복구)
- 탑이 나타내는 위치의 다음에 들어 있는 주소(리턴 주소)로 돌아옴

추가로 8.2.1에서 설명한 변수의 주소는 '해당 변수가 선언된 프로시저 레벨'과 '해당 프로시저 데이터 영역 내부에서 해당 변수의 상대 주소'로 표현할 수 있습니다. 따라서 프로그램 8.1에서 ③, ④, ⑤의 목적 코드는 다음과 같이 하면 됩니다. 각 영역 내부에서는 디스플레이 레벨 i의 퇴피 장소가 0번지, 리턴 주소의 퇴피 장소가 1번지, 처음에 선언된 변수의 주소가 2번지에 들어갑니다. 명령어 주소부는 레벨 주소와 상대 주소로 구성되므로 예를 들어 load 0 4는 '레벨 0의 데이터 영역 내부에서 상대 주소 4에 있는 데이터를 로드하라'는 의미입니다.

③ a := c+b;

```
load  0 4    /* c */
load  1 2    /* b */
opr   add    /* + */
store 2 2    /* a */
```

④ c := b;

```
load  1 2    /* b */
store 0 4    /* c */
```

⑤ c := b+c;

```
load  0 3    /* b */
load  0 4    /* c */
opr   add    /* + */
store 0 2    /* a */
```

어쨌거나 위의 할당문 실행에도 스택이 필요합니다. 만약 이 가상 계산기를 실

제로 하드웨어로 구현한다면, 할당문 등을 빠르게 실행하기 위해 이 스택과 기억 영역 스택을 다른 것으로 분할하겠지만, 소프트웨어 통역 시스템으로 구현할 때는 하나의 스택을 사용해도 괜찮습니다. 이를 위해서는 그림 8.3처럼 탑을 가리키는 곳부터 연산용 스택이라고 생각하면 됩니다.

이와 같은 가상 머신으로 매개변수 있는 함수를 호출하려면 어떻게 해야 할까요? 이를 프로그램 8.2의 예제로 생각해 봅시다. 이 프로그램에서 f(b+c, c)의 계산을 하려면, 일단 부동소수점 연산을 해야 하므로 목적 코드는 다음과 같은 형태가 됩니다.

```
load b
load c
opr add
load c
call f
```

이 목적 코드를 실행해서, call f로 f를 호출하기 직전의 상태는 그림 8.4와 같습니다. b+c와 c의 값은 함수 f의 내부에서 필요하므로 f가 호출될 때 f의 데이터 영역은 그림 8.5처럼 할당해야 합니다. 이렇게 할당하면 첫 번째 매개변수의 주소는 디스플레이 레벨 1이 가리키는 곳에서 2개 앞, 두 번째 매개변수는 1개 앞이 됩니다. 일반적으로 n개의 매개변수를 갖는 경우, 이 j번째 매개변수의 주소는 디스플레이를 가리키는 곳에서 $n - j + 1$개 앞이 됩니다. 따라서 예를 들어 프로그램 8.2 내부에 있는 :=x;의 목적 코드는 load 1 –2로 하면 됩니다.

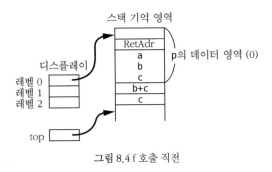

그림 8.4 f 호출 직전

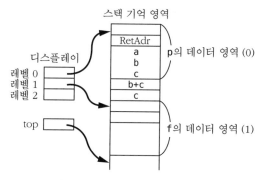

그림 8.5 실제 인수와 함수의 데이터 영역

프로그램 8.2

```
program p;
    var a, b, c;
    function f(x, y)
        var..;
        begin
            .. := x;
        end;
    begin
        a := f(b+c, c);
    end;
```

함수 f에서 돌아왔을 때는 그림 8.6처럼 되어야 합니다. 이 경우에는 호출 직전에 첫 번째 매개변수의 값이 들어 있던 곳에 함수의 값이 들어 있어야 합니다. 일반적으로 n개의 매개변수를 가진 함수의 경우, 그 함수의 값을 넣은 곳은 그 함수 실행 때의 데이터 영역 앞에서 n개 앞입니다. 이는 매개변수가 없을 경우, 즉 $n = 0$의 경우도 성립합니다.

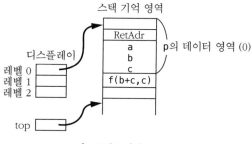

그림 8.6 함수에서 돌아올 때

8.4 가상 기계어로의 변환

원시 프로그램을 분석해서 그 목적 코드로 가상 기계어 프로그램을 생성하는 방법은 이 책에서 지금까지 살펴본 내용을 토대로 대충 예상할 수 있을 것입니다. 따라서 이번 절에서는 if 문과 while 문의 목적 코드 내부에서 분기 명령을 만드는 방법을 설명하겠습니다.

8.2.3에서 보았던 것처럼 if condition1 then statement1;의 목적 코드는 다음과 같이 하면 됩니다.

condition1의 목적 코드
jpc b1
statement1의 목적 코드
b1 : 다음 문장의 목적 코드

이를 만드는 과정을 생각해 봅시다. 일단 condition1을 분석해서 'condition1의 목적 코드'를 만듭니다. 이어서 jpc 명령을 만들어야 합니다. 이 시점에서는 'statement1의 목적 코드'가 만들어져 있지 않으므로 b1의 위치를 알 수 없습니다. 따라서 일단 주소부를 비운 상태로 jpc 명령을 만들어 두고, 이후에 점프 대상 위치를 알게 된 후에 빈 부분을 채웁니다. 이러한 조작을 백패치라고 부릅니다. 백패치로 jpc 명령을 만들 때 해당 명령이 들어 있는 장소를 별도의 변수에 기억해 두고, 'statement1의 목적 코드' 작성을 완료했을 때 다음 목적 코드의 주소(현재 그림에서 b1)를 해당 변수가 나타내는 위치에 있는 명령어의 주소부에 넣으면 됩니다.

마찬가지로 8.2.3의 while 문도 jpc 명령은 백패치로 만들면 됩니다.

8.5 가상 머신 구현(통역 시스템)

가상 머신이 실제로 존재하는 것처럼 실행하는 것이 통역 시스템(interpreter)입니다. 통역 시스템의 기본적인 구조는 프로그램 8.3과 같습니다. 여기에서 배열 code에 가상 머신의 명령어열이 들어 있습니다. 명령어는 기능 부분인

function과 주소 부분인 addr로 구성됩니다. 반복에서 벗어나는 것은 특정 명령을 실행했을 때 하게 됩니다.

프로그램 8.3 통역 시스템의 기본 구조 (1)

```
enum functype {op1, op2, ...}
typedef struct inst {
    functype func;
    int addr;
} instruction;
instruction code[M];
int i;
instruction ireg;
...
i = 0;
while (1) {
    ireg = code[i++];
    switch(ireg.func) {
    case op1:...
    case op2:...
    ...
    }
}
```

간단한 예로서 명령은 load, store, add, jump만 있고 변수는 기억 영역에 정적으로 할당하고 연산은 스택으로 하는 가상 머신의 통역 시스템은 프로그램 8.4와 같습니다.

프로그램 8.4 통역 시스템의 기본 구조 (2)

```
enum functype {load, store, add, jump}
typedef struct inst {
    functype func;
    int addr;
} instruction;
instruction code[M];
int stack[N];
int memory[L];
int i, j;
instruction ireg;
```

```
...
i = 0; j = 0;
while (1) {
    ireg = code[i++];
    switch(ireg.func) {
    case load: stack[j++] = memory[ireg.addr]; break;
    case store: memory[ireg.addr] = stack[--j]; break;
    case add: j--; stack[j-1] = stack[j-1]+stack[j]; break;
    case jump: i = ireg.addr; break;
    }
}
```

8.6 PL/0′ 머신과 PL/0′의 목적 코드

PL/0′ 머신은 8.3절에서 설정한 것과 같은 구조를 갖춥니다. 즉, 스택, 디스플레이와 top이라는 레지스터, 다음과 같은 명령어를 가집니다.

- **명령 형식 1**(기능부, 레벨부, 주소부로 구성)
  이 형식의 명령으로는 lod(로드), sto(스토어), cal(콜), ret(리턴)이 있습니다.

  lod와 sto 명령의 레벨부와 주소부는 변수 레벨과 상대 주소입니다. cal 명령의 레벨은 함수 이름이 선언된 레벨(**함수_본체의_레벨-1**), 주소부는 함수의 목적 코드 앞부분의 주소입니다. ret 명령의 레벨은 함수 본체의 레벨, 주소부는 함수 매개변수의 개수입니다.

- **명령 형식 2**(기능부와 값부)
  이 형식의 명령으로는 lit(리터럴), ict(탑을 증가시킴), jmp(점프), jpc(조건 점프)가 있습니다. 값부(값 부분)는 lit와 ict 명령은 숫잣값, jmp와 jpc는 점프 목적지입니다.

- **명령 형식 3**(기능부와 연산부)
  연산부로는 neg(반전), add(더하기), sub(빼기), mul(곱하기), div(나누기), odd(홀수), eq(같음), ls(작음), gr(큼), neq(같지 않음), lseq(작거나 같음), greq(크거나 같음), wrt(값 출력), wrl(줄바꿈 출력)이 있습니다.

PL/0′의 원시 프로그램에 대해 어떤 목적 코드를 생성하면 좋을지는 지금까지 설명한 내용을 통해 알 수 있을 것이라 생각합니다. 컴파일러는 1패스 컴파일러로, 원시 프로그램을 분석하는 부분부터 코드를 생성하는 부분까지 모두 하나입니다. 다만 분석한 시점에서 해당 코드를 생성하기 위한 충분한 정보가 아직 없다는 것이 문제입니다. 정보 부족으로 if 문과 while 문의 조건 분기 명령이 문제가 되는데 이는 앞에서 이미 설명했습니다. 따라서 이번에는 함수와 메인 프로그램의 앞부분 주소와 관련된 정보 부족 문제만 프로그램 8.5를 예로 살펴보겠습니다.

프로그램 8.5

```
program p;
    var a, b, c;
    function f(x, y)
        var ..;
        function g()
            begin ─┐
            ...     │ ①
            end; ──┘
        begin ─┐
        ...     │ ②
        end; ──┘
    begin ─┐
    ...     │ ③
    end; ──┘
```

메인 프로그램의 앞부분 주소는 목적 프로그램의 첫 시작 부분입니다. 따라서 0번지가 되지만 메인 프로그램 본체는 프로그램 8.5의 ③ 부분부터이므로 0번지에는 ③ 부분의 목적 코드로 점프하는 명령을 배치해야 합니다. 그런데 어떤 주소로 점프해야 하는지는 함수 f와 g를 컴파일해 보기 전에는 알 수 없습니다. 따라서 점프 명령도 백패치를 활용해 완성해야 합니다.

함수의 맨 앞부분 주소도 약간은 다르지만, 마찬가지로 컴파일 전에는 정확한 주소를 알 수 없으므로 백패치를 활용해야 합니다. 따라서 일단 그림 8.7처럼 구성해야 합니다. 맨 앞에 있는 jmp p1이라는 명령은 위에서 설명한 메인 프로그램 분기 명령입니다. 그림에 있는 화살표 3개는 각각 ①, ②, ③ 코드 부분에 있는 함수 f를 호출하는 명령으로 점프하는 것을 나타냅니다.

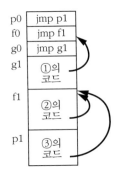

그림 8.7 프로그램 8.5의 목적 코드

원시 프로그램 앞부분부터 컴파일을 시작해서 다음과 같은 함수 선언을 보았을 때

```
function f(x, y)
```

함수 이름 f가 기호 테이블에 등록됩니다. 하지만 아직 함수 f의 본체 ②의 컴파일이 이루어지지 않았으므로 이 본체의 앞부분 주소를 알 수 없습니다. ① 내부에 f 호출이 있다면 그 호출 명령에 대해 앞에서 설명한 것과 같이 백패치하면 된다고 생각할 수도 있겠지만, ① 내부에 f 호출이 여러 번 있을 수도 있으므로 이 백패치가 약간 복잡합니다. 이 백패치를 간단하게 하려면 함수 f 선언을 보았을 때 그 본체로 점프하는 명령(f0번지 jmp 명령)을 만들고, ① 내부에서의 호출은 f0번지로 뛰게 ②의 번지가 결정될 때에 f0번지의 jmp 명령만 백패치해야 합니다.

②와 ③ 내부에 f 호출이 있는 경우도 ①처럼 하면 되지만, 이번에는 f 본체 앞부분의 주소 f1을 알고 있으므로 두 번 점프해서 f1으로 가는 것보다도 직접 f1으로 점프하는 것이 좋습니다.

지금까지 설명한 내용을 구현한다면 컴파일러를 다음과 같이 하면 됩니다(그림 8.5의 f를 예로 설명하겠습니다).

(1) 함수 선언을 보았을 때

- 함수 이름 f와 그 앞부분의 주소 f0를 기호 테이블에 등록합니다.
- jmp 명령을 생성합니다.

(2) 함수 본체 직전에 도달했을 때

- (1)의 jmp 명령을 백패치(점프 목적지는 f1)
- 함수 이름 f의 앞부분 주소를 f1으로 수정

(3) 함수 호출을 보았을 때((1), (2), (3) 모든 경우)

- 기호 테이블에 있는 앞부분의 주소로 뛰는 cal 명령어를 생성

3.5절의 PL/0′ 프로그램 일부를 발췌한 프로그램 8.6의 목적 코드는 그림 8.8과 같습니다. 그림 8.8의 왼쪽 끝에 있는 숫자는 해당 명령이 존재하는 위치(명령어의 배열 인덱스)를 나타내며, 오른쪽은 설명을 위한 주석입니다.

프로그램 8.6

```
function multiply(x, y)
    var a, b, c;
begin a := x; b := y; c := 0;
    while b > 0 do
    begin
        if odd b then c := c+a;
        a := 2*a; b := b/2
    end;
    return c
end;

const m = 7, n = 85;
var x, y;

begin
    x := m; y := n;
    write x; write y; write multiply(x, y);
    writeln;
end.
```

추가로 컴파일러의 출력으로 얻어진 레이텍 파일인 그림 8.9에서는 그림 8.10의 출력이 나옵니다.

```
code
 0: jmp,31     main:
 1: jmp,2      multiply:
 2: ict,5      multiply: a, b, c
 3: lod,1,-2   x
 4: sto,1,2    a
 5: lod,1,-1   y
 6: sto,1,3    b
 7: lit,0      0
 8: sto,1,4    c
 9: lod,1,3    while: b
10: lit,0      0
11: opr,gr     >
12: jpc,29     exit while
13: lod,1,3    b
14: opr,odd    odd
15: jpc,20     exit if
16: lod,1,4    c
17: lod,1,2    a
18: opr,add    +
19: sto, 1,4   c
20: lit,2      2
21: lod,1,2    a
22: opr,mul    *
23: sto,1,2    a
24: lod,1,3    b
25: lit,2      2
26: opr,div    /
27: sto,1,3    b
28: jmp,9      to while
29: lod,1,4    c
30: ret,1,2    return
31: ict,4      main: x, y
32: lit,7      m
33: sto,0,2    x
34: lit,85     n
35: sto,0,3    y
36: lod,0,2    x
37: opr,wrt    write
38: lod,0,3    y
39: opr,wrt    write
40: lod,0,2    x
41: lod,0,3    y
42: cal,0,2    call multiply
```

```
43: opr,wrt    write
44: opr,wrl    writeln
45: ret,0,0    return
```

그림 8.8 프로그램 8.6의 목적 코드

```
\documentstyle[12pt]{article}
\begin{document}
\fboxsep=0pt
\def\insert#1{$\fbox{#1}$}
\def\delete#1{$\fboxrule=.5mm\fbox{#1}$}
\rm
\par
\ \par
{\bf function}\ {\it multiply}$(${\sl x}$,${\sl y}$)$
\ \ \ \ {\bf var}\ a$,$b$,$c$;$\par
{\bf begin}\ a $:=$\ {\sl x}$;$\ b\ $:=$\ {\sl y}$;$
\ \ \ \ {\bf while}\ b\ $>$\ 0\ {\bf do}\par
\ \ \ \ {\bf begin}\par
\ \ \ \ \ \ \ \ {\bf if}\ {\bf odd}\ b\ {\bf then}\ c\
\ \ \ \ \ \ \ \ a\ $:=$\ 2$*$a$;$\ b\ $:=$\ b$/$2\par
\ \ \ \ {\bf end}$;$\par
\ \ \ \ {\bf return}\ c\par
{\bf end}\ $;$\par
\ \par
{\bf const}\ {\sf m}\ $=$\ 7$,$\ {\sf n}\ $=$\ 85$;$\par
{\bf var}\ x$,$y$;$\par
\ \par
{\bf begin}\par
\ \ \ \ x\ $:=$\ {\sf m}$;$\ y\ $:=$\ {\sf n}$;$\par
\ \ \ \ {\bf write}\ x$;$\ {\bf write}\ y$;$\ {\bf write}\
\ \ \ \ {\bf writeln}$;$\par
{\bf end}$.$
\end{document}
```

그림 8.9 프로그램 8.6의 컴파일러 출력

```
function multiply(x, y)
    var a, b, c;
begin a := x; b := y; c := 0;
    while b > 0 do
    begin
        if odd b then c := c+a;
        a := 2*a; b := b/2
    end;
    return c
end;


const m = 7, n = 85;
var x, y;

begin
    x := m; y := n;
    write x; write y; write multiply(x, y);
    writeln;
end.
```

그림 8.10 그림 8.9의 레이텍 출력

연습 문제

1. PL/0′ 언어의 if 문을 다음과 같이 변경하면, PL/0′ 컴파일러를 어떻게 수정
   해야 할지 설명하세요.

   statement → if condition then statement (else statement | ε)

   언어의 모호성을 해결할 수 있게 문제 5.4에서 설명한 방법을 사용하세요.

2. PL/0′ 언어에 다음과 같은 구문을 추가하면 PL/0′ 컴파일러를 어떻게 수정
   해야 할지 설명하세요.

statement → repeat statement until condition

이 문장은 condition이 성립할 때(true)까지 statement를 반복해서 실행하는 문장입니다.

3. PL/0′ 언어에 배열을 추가하려면 PL/0′ 컴파일러를 어떻게 수정해야 할지 설명하세요. 배열 선언 방법, 배열 요소의 지정 방법, 그 목적 코드에 필요한 명령어도 적당하게 생각하세요.

9장

L e a r n i n g   C o m p i l e r

더 공부하려면

이 책으로 컴파일러의 기본을 이해한 뒤에 더 자세한 지식을 얻고 싶을 때 추천하는 책으로는 [Aho 07]이 있습니다. 이 책에는 다음에 적혀 있는 항목들이 자세하게 설명되어 있습니다. 다만 양이 굉장히 방대합니다.

4장의 낱말 분석에서는 정규 표현을 기반으로 결정성 유한 오토마타를 만들고, 이를 기반으로 낱말 분석 프로그램(렉서(lexer)라고도 부름)을 작성했지만, 이 작업을 자동으로 해 주는 소프트웨어가 여러 가지 개발되고 있으므로 실제로 컴파일러 등을 만들 때는 해당 소프트웨어를 사용하면 됩니다.

이를 사용하는 방법의 예는 참고 문헌 [Lex], [Lev 90]에 나와 있습니다.

실제로 야크/렉스를 사용해서 작성한 PL/0′ 컴파일러 코드가 [pl0yacc]에 있습니다. 이 중 pl0.1 파일에 낱말 정규 표현이 적혀 있습니다. 추가로 JavaCC(참고 문헌 [JavaCC])를 사용해서 작성한 PL/0′ 컴파일러 코드가 [pl0javacc]에 있습니다. 이 중 pl0.jj 파일에 낱말 정규 표현과 구문 규칙이 적혀 있습니다.

5장에서는 LL 구문 분석을 쉽게 알 수 있게 직접 작성한 컴파일러에 최적화된 LL 구문 분석을 다루었습니다. 그리고 LR 구문 규칙은 그 역사에 대해서만 다루었습니다.

LR 구문 분석의 개념은 LL 구문 분석보다 조금 더 어렵지만 적용 범위가 굉장히 넓습니다. 구문 분석 프로그램의 자동 생성 시스템(parser generator라고도 부릅니다)으로서 처음으로 널리 사용된 야크(참고 문헌 [John 75])는 LR 구문 분석법을 사용하고 있습니다.

LR 구문 분석법의 원리를 몰라도 야크 같은 생성 시스템을 사용하면, LR 구문 분석을 하는 파서를 만들 수 있지만, 원리를 알아 두면 더 좋을 것이라 생각합니다.

그럼 간단하게 **LR 구문 분석**의 동작을 5장에서 다루었던 예를 사용해서 설명하겠습니다.

LR 구문 분석은 상향식 구문 분석법으로서, 읽어 들인 종단 기호 또는 이미 환원된 비종단 기호로 구성된 열이 어떤 비종단 기호로 환원될 수 있는지 알면 환원해 주는 방법입니다. 분석 경로는 스택으로 표현됩니다. 분석을 위한 동작은 2가지 종류밖에 없습니다. 다음 입력을 스택에 넣는 것(이를 **시프트**라고 부릅니다)과 스택 상부에 있는 것을 환원하는 것입니다. 어떤 동작을 해야 하는지가 모든 입력에 대해 결정되어 있다면 이 방법으로 분석할 수 있습니다. 시프트와 환원의 가능성이 모두 있을 때 5장에서 다루었던 Follow 집합을 사용해서 이 중에서 하나를 결정하는 문법을 SLR(Simple LR) 문법이라고 부르며, SLR 구문 분석이라고 하는 LR 구문 분석이 가능해집니다. 결정 방법을 조금 더 자세히 설명하면 '어떤 환원을 한 때의 결과로 나온 비종단 기호의 Follow 집합에 다음 입력이 들어 있다면 해당 환원을 선택하는 것'입니다. 해당 집합에 시프트 종단 기호가 들어 있지 않다면, 시프트인지 환원인지 결정할 수 있게 됩니다.

5장에서 다루었던 문법 G1(그림 9.1)은 SLR 문법입니다.

	생성 규칙	Follow 집합
1)	E → E+T[+]	$+)
2)	E → T	$+)
3)	T → T*F*[*]	*$+)
4)	T → F	*$+)
5)	F → (E)	*$+)
6)	F → i[i]	*$+)

그림 9.1 문법 G1

문법 G1의 문장 a+b*c$는 그림 9.2처럼 구문 분석됩니다. 처음에는 스택이 비어 있으므로 a가 i로 시프트됩니다. 현재 스택 탑에는 i가 있습니다. 이는 여섯 번째 생성 규칙으로 F로 환원될 수 있는데, 다음 입력 +가 F의 Follow 집합에 들어 있으므로 환원으로 결정되어 스택 탑을 F로 바꿀 수 있습니다. 추가적으로 +가 T의 Follow 집합에도 들어 있으므로 F가 T로 환원됩니다. 여기까지가 세 번째까지입니다. 문제는 네 번째 동작입니다. 스택 탑에 T가 있을 때는 두 번째 생성 규칙에 의해 환원하거나 세 번째 생성 규칙에 따라 *을 시프트할 수도 있습니다. 환원 대상인 E의 Follow 집합에 *이 들어 있지 않으므로 둘 중 아무것이나 결정할 수 있습니다. 현재의 경우는 환원으로 결정했습니다. 다섯 번째는 첫 번째 생성 규칙에 따라 시프트가 됩니다. 스택이 E+로 되어 있는 상태에서는 T로 환원되는 것을 읽을 수 있습니다. 여기에서 b가 시프트되고 이것이 T까지 환원됩니다. 이 시점에서 첫 번째 생성 규칙으로 환원할지, 세 번째 생성

스택	입력	동작
빈 스택	a+b*c$	a 시프트
i	+b*c$	F → i로 환원, a가 출력됨
F	+b*c$	T → F로 환원
T	+b*c$	E → T로 환원
E	+b*c$	+ 시프트
E+	b*c$	b 시프트
E+I	*c$	F → i로 환원, b가 출력됨
E+F	*c$	T → F로 환원
E+T	*c$	* 시프트
E+T*	c$	c 시프트
E+T*i	$	F → i로 환원, c가 출력됨
E+T*F	$	T → T*F로 환원, *이 출력됨
E+T	$	E → E+T로 환원, +가 출력됨
E	$	구문 분석 완료

그림 9.2 a+b*c$의 LR 구문 분석 동작

규칙으로 시프트할지 결정해야 하는데 환원 대상인 E의 Follow 집합에 *이 들어 있지 않고 다음 입력이 *이므로 시프트됩니다. 이후에도 그림에 나타난 것처럼 구문 분석이 진행됩니다. 출력 결과는 a b c * +가 됩니다.

실제 LR 구문 분석을 할 때는 스택의 상태와 다음 입력의 조합으로 정해지는 동작을 LR 구문 분석 테이블이라 부르는 동작 테이블로 미리 정리해 두고 이를 기반으로 구문 분석을 합니다.

이후 LL 구문 분석법의 파서 제너레이터로 LL(1)이 아닌 부분에 대한 해결법을 강화하고, 적용 범위를 넓힌 것들이 여러 가지 개발됐습니다. JavaCC와 ANTLR[1](참고 문헌 [antlr], [Parr 09]) 등이 대표적인 예입니다.

6장의 의미 분석과 기호 테이블 등은 [Parr 09]에서 데이터 집합체의 기호 테이블 등도 포함해서 굉장히 자세하게 설명합니다.

8장에서는 컴파일러의 기본으로 가상 머신의 목적 코드를 생성하고, 이를 인터프리터로 실행하는 방식의 컴파일러를 간단하게 만드는 것을 설명했습니다. 하지만 이 방식에서는 목적 코드의 실행이 느렸습니다. 더 빠르게 실행되게 만들려면 기계어 목적 코드를 생성해야 합니다.

또한 목적 코드를 더 빠르게 실행할 수 있는 것으로 변환해야 하는 경우도 있습니다. 이러한 변환을 최적화라고 부릅니다. 이와 관련된 책으로는 [Aho 07] 등이 있습니다.

대표적인 것으로는 LLVM(Low Level Virtual Machine)과 COINS(Compiler INfraStructure)가 있습니다. 제가 개발에 참여한 COINS(참고 문헌 [coins])를 간단하게 설명해 보겠습니다.

COINS에는 2가지 종류의 중간 언어가 있습니다. 조금 더 자세하게 말하면 고수준 중간 언어 HIR, 저수준 중간 언어 LIR입니다. HIR은 고급 프로그래밍 언어 레벨에 가까운 것이고, LIR은 기계어 레벨에 가까운 것입니다. LIR은 가상 머신 언어라고도 말할 수 있습니다. COINS를 사용해서 새로운 언어의 컴파일러를 개발한다면, 해당 언어를 HIR로 변환하는 모듈만 만들면 됩니다. HIR 레

---

1 ANTLR이라는 이름은 ANother Tool for Language Recognition에서 유래됐습니다. 저는 antiLR이라는 뜻으로 붙인 것이 아닌가 하고 생각하고 있습니다.

벨에서의 최적화, HIR에서 LIR로의 변환, LIR 레벨에서의 최적화, LIR에서 기계어로 변환해 주는 모듈은 이미 COINS가 제공하므로 이 중에서 적당한 것을 선택하기만 하면 컴파일러가 만들어집니다.

부록 A

PL/0′ 컴파일러의 코드

PL/0′ 컴파일러 프로그램은 다음 5개의 프로그램 파일과

- main.c
- compile.c
- getSource.c
- table.c
- codegen.c

다음 3개의 헤더 파일로 구성됩니다.

- getSource.h
- table.h
- codegen.h

앞에 있는 5개의 프로그램 파일은 각각 하나의 모듈입니다. 즉, 각각 관련된 처리를 하는 프로그램을 모아 둔 것입니다. 이 파일들 앞부분에 선언된 것들은 해당 파일 내부에서만 공통으로 사용할 수 있는 것들입니다. 헤더 파일에는 각 모듈의 기능으로서 다른 파일의 프로그램에서 참조할 수 있는 것들이 들어 있습니다. 각 모듈의 기능을 정리하면 다음과 같습니다.

- main.c: 전체 메인 루틴
- compile.c: 컴파일러(구문 분석과 코드 생성)의 메인 루틴
- getSource.c: 입출력과 관련된 부분, 즉 원시 프로그램을 읽어 들이고 낱말을 분석하고 컴파일 결과를 출력하고 오류 메시지를 출력하는 부분 등
- table.c: 기호 테이블의 처리, 블록 레벨 관리
- codegen.c: 목적 코드 생성 서브 루틴과 목적 코드 실행 루틴

이러한 내용의 개요에 대해서는 다시 설명할 필요가 없다고 생각하지만, table.c의 '블록 레벨 관리'만은 따로 설명하도록 하겠습니다. PL/0′처럼 블록 구조를 가진 언어의 컴파일러에서는 블록 레벨은 다양한 모듈에서 참조되는 중요한 정보입니다. 하지만 한 정보를 다양한 모듈에서 관리하는 것은 좋지 않으므로 블록 레벨을 한꺼번에 관리할 수 있게 table.c에서 관리합니다. 새로운 블록에 들어가거나 블록 끝에 도달한 것은 컴파일러 메인 루틴에서 알아챕니다. 컴파일러는 이러한 사실을 table.c에 전달해서 기록하고, table.c 이외에서 블록 레벨이 필요한 경우에는 table.c에 물어봐서 알아냅니다. 참고로 blockEnd가 호출되는 것은 PL/0′ 문법의 비종단 기호 block에 대응되는 처리 block의 마지막입니다. 그리고 blockBegin이 호출되는 것은 그 시작 부분이 아니라 함수 선언 매개변수를 읽기 직전입니다. 이 부분이 이름의 레벨이 바뀌는 부분이기 때문입니다. 메인 프로그램을 컴파일하고 있을 때는 매개변수가 없으므로 block을 호출하기 직전에 blockBegin을 호출합니다.

 이 컴파일러는 일단 원시 프로그램이 들어 있는 파일을 열고, 컴파일 처리와 목적 코드 실행에 들어간 뒤 메시지를 출력합니다. 8장의 프로그램 8.6을 이 컴파일러에 전달하면, 다음과 같은 메시지를 얻을 수 있습니다.

```
enter source file name
prog1
start compilation
start execution
7 85 595
```

여기에서 prog1은 원시 프로그램 파일 이름으로 주어진 것입니다. 마지막 3개의 숫자는 write 문을 실행한 결과입니다.

프로그램 A.1 **main.c**

```
/******** main.c ********/

#include <stdio.h>
#include "getSource.h"

main()
{
    char fileName[30];          /* 소스 프로그램 파일 이름 */
    printf("enter source file name\n");
    scanf("%s", fileName);
    if (!openSource(fileName))  /* 소스 프로그램 파일 열기 */
        return;                 /* open 실패 시에는 리턴 */
    if (compile())              /* 컴파일 진행 */
        execute();              /* 오류가 없다면 즉시 실행 */
    closeSource();              /* 소스 프로그램 파일 닫기 */
}
```

프로그램 A.2 **compile.c**

```
/************ compile.c ************/

#include "getSource.h"
#ifndef TBL
#define TBL
#include "table.h"
#endif
#include "codegen.h"

#define MINERROR 3               /* 오류가 이것보다 적으면 실행 */
#define FIRSTADDR 2              /* 각 블록의 첫 변수 주소 */

static Token token;              /* 다음 토큰을 넣어 둘 변수 */

static void block(int pIndex);   /* 블록 컴파일 */
            /* pIndex는 해당 블록 함수 이름의 인덱스 */
static void constDecl();         /* 상수 선언 컴파일 */
static void varDecl();           /* 변수 선언 컴파일 */
```

```
static void funcDecl();            /* 함수 선언 컴파일 */
static void statement();           /* 문장 컴파일 */
static void expression();          /* 식 컴파일 */
static void term();                /* 식의 항 컴파일 */
static void factor();              /* 식의 인자 컴파일 */
static void condition();           /* 조건식 컴파일 */
static int isStBeginKey(Token t);  /* 토큰 t는 문장 맨 앞의 키인가? */


int compile()
{
    int i;
    printf("start compilation\n");
    initSource();                /* getSource 초기 설정 */
    token = nextToken();         /* 첫 토큰 */
    blockBegin(FIRSTADDR);       /* 이후 선언은 새로운 블록 */
    block(0);                    /* 0은 더미(메인 블록의 함수 이름은 없음) */
    finalSource();
    i = errorN();                /* 오류 메시지의 개수 */
    if (i!=0)
        printf("%d errors\n", i);
/*  listCode();  */             /* 목적 코드 출력(필요한 경우) */
    return i<MINERROR;           /* 오류 메시지의 개수가 적은지 확인 */
}


void block(int pIndex)          /* pIndex는 해당 블록 함수 이름의 인덱스 */
{
    int backP;
    backP = genCodeV(jmp, 0);     /* 내부 함수를 점프하는 명령, 이후에 백패치 */
    while (1) {                   /* 선언부 컴파일을 반복 */
        switch (token.kind) {
        case Const:                   /* 상수 선언부 컴파일 */
            token = nextToken();
            constDecl(); continue;
        case Var:                     /* 변수 선언부 컴파일 */
            token = nextToken();
            varDecl(); continue;
        case Func:                    /* 함수 선언부 컴파일 */
            token = nextToken();
            funcDecl(); continue;
        default:                      /* 이외의 경우 선언부 종료 */
            break;
        }
        break;
    }
```

```
        backPatch(backP);              /* 내부 함수를 점프하는 명령으로 패치 */
        changeV(pIndex, nextCode());  /* 그 함수의 시작 주소를 수정 */
        genCodeV(ict, frameL());       /* 그 블록의 실행 때에 필요한 기억 영역을
                                          잡는 명령 */
        statement();     /* 그 블록의 메인 문장 */
        genCodeR();      /* 리턴 명령 */
        blockEnd();      /* 블록이 끝났다는 것을 table에 전달 */
}

void constDecl() /* 상수 선언 컴파일 */
{
    Token temp;
    while (1) {
        if (token.kind==Id) {
            setIdKind(constId); /* 출력을 위한 정보 설정 */
            temp = token;        /* 이름을 넣어 둠 */
            token = checkGet(nextToken(), Equal); /* 이름 다음은 "=" */
            if (token.kind==Num)
                enterTconst(temp.u.id, token.u.value);
                    /* 상수 이름과 값을 테이블에 */
            else
                errorType("number");
            token = nextToken();
        } else
            errorMissingId();
        if (token.kind!=Comma) {    /* 다음이 쉼표라면 상수 선언이 이어짐 */
            if (token.kind==Id) {   /* 다음이 이름이라면 쉼표를 잊었다는 의미 */
                errorInsert(Comma);
                continue;
            } else
                break;
        }
        token = nextToken();
    }
    token = checkGet(token, Semicolon); /* 마지막은 ";" */
}

void varDecl() /* 변수 선언 컴파일 */
{
    while (1) {
        if (token.kind==Id) {
            setIdKind(varId);       /* 출력을 위한 정보 설정 */
            enterTvar(token.u.id); /* 변수 이름을 테이블에,
                                      주소는 테이블이 결정 */
```

```
            token = nextToken();
        } else
            errorMissingId();
        if (token.kind!=Comma) {       /* 다음이 쉼표라면 선언이 이어짐 */
            if (token.kind==Id) {      /* 다음이 이름이라면
                                          쉼표를 잊었다는 의미 */

                errorInsert(Comma);
                continue;
            } else
                break;
        }
        token = nextToken();
    }
    token = checkGet(token, Semicolon); /* 마지막은 ";" */
}

void funcDecl() /* 함수 선언 컴파일 */
{
    int fIndex;
    if (token.kind==Id) {
        setIdKind(funcId);    /* 출력을 위한 정보 설정 */
        fIndex = enterTfunc(token.u.id, nextCode());
            /* 함수 이름을 테이블에 등록 */
            /* 목적 주소는 일단 다음 코드의 nextCode()로 */
        token = checkGet(nextToken(), Lparen);
        blockBegin(FIRSTADDR); /* 매개변수 이름의 레벨은 함수 블록과 같음 */
        while (1) {
            if (token.kind==Id) {          /* 매개변수 이름이 있는 경우 */
                setIdKind(parId);          /* 출력을 위한 정보 설정 */
                enterTpar(token.u.id);     /* 매개변수 이름을 테이블에 등록 */
                token = nextToken();
            } else
                break;
            if (token.kind!=Comma) {  /* 다음이 쉼표라면 매개변수가 이어짐 */
                if (token.kind==Id) { /* 다음이 이름이라면
                                          쉼표를 잊었다는 의미 */

                    errorInsert(Comma);
                    continue;
                } else
                    break;
            }
            token = nextToken();
        }
        token = checkGet(token, Rparen); /* 마지막은 ")" */
```

```
            endpar(); /* 매개변수부가 끝났다는 것을 테이블에 전달 */
            if (token.kind==Semicolon) {
                errorDelete();
                token = nextToken();
            }
            block(fIndex); /* 블록 컴파일, 함수 이름의 인덱스를 전달 */
            token = checkGet(token, Semicolon); /* 마지막은 ";" */
        } else
            errorMissingId();    /* 함수 이름이 아님 */
}

void statement()        /* 문장 컴파일 */
{
    int tIndex;
    KindT k;
    int backP, backP2; /* 백패치 전용 */

    while (1) {
        switch (token.kind) {
        case Id: /* 할당문 컴파일 */
            tIndex = searchT(token.u.id, varId); /* 우변의 변수 인덱스 */
            setIdKind(k=kindT(tIndex));             /* 출력을 위한 정보 설정 */
            if (k != varId && k != parId)          /* 변수 이름과
                                                      매개변수 이름이 아니면 */
                errorType("var/par");
            token = checkGet(nextToken(), Assign);        /* ":=" */
            expression();           /* 식 컴파일 */
            genCodeT(sto, tIndex);  /* 좌변으로의 할당 명령 */
            return;
        case If:                    /* if 문장 컴파일 */
            token = nextToken();
            condition();                        /* 조건식 컴파일 */
            token = checkGet(token, Then);  /* "then" */
            backP = genCodeV(jpc, 0);       /* jpc 명령 */
            statement();                    /* 문장 컴파일 */
            backPatch(backP);               /* 위의 jpc 명령에 백패치 */
            return;
        case Ret:                   /* return 문장 컴파일 */
            token = nextToken();
            expression();           /* 식 컴파일 */
            genCodeR();             /* ret 명령 */
            return;
        case Begin:                 /* begin . . end 문장 컴파일 */
            token = nextToken();
```

```
        while (1) {
            statement();    /* 문장 컴파일 */
            while (1) {
                if (token.kind==Semicolon) {
                        /* 다음이 ";"라면 문장이 이어짐 */
                    token = nextToken();
                    break;
                }
                if (token.kind==End) {      /* 다음이 end라면 종료 */
                    token = nextToken();
                    return;
                }
                if (isStBeginKey(token)) {   /* 다음이 문장의
                                                시작 기호라면 */
                    errorInsert(Semicolon); /* ";"를 잊었을 때" */
                    break;
                }
                errorDelete(); /* 이 이외의 경우는 오류로서 버림 */
                token = nextToken();
            }
        }
case While: /* while 문장 컴파일 */
    token = nextToken();
    backP2 = nextCode();
        /* while 문장의 가장 뒤로 jmp하는 명령의 이동 목적지 */
    condition(); /* 조건식 컴파일 */
    token = checkGet(token, Do); /* "do"가 아닐 때 */
    backP = genCodeV(jpc, 0);     /* 조건식이 거짓일 때 점프하는
                                     jpc 명령 */
    statement();                  /* 문장 컴파일 */
    genCodeV(jmp, backP2);        /* while 문장의 맨 앞으로
                                     점프하는 명령 */
    backPatch(backP);             /* jpc 명령의 jump 위치를 백패치 */
    return;
case Write:         /* write 문장 컴파일 */
    token = nextToken();
    expression();   /* 식 컴파일 */
    genCodeO(wrt);  /* 이 값을 출력하는 wrt 명령 */
    return;
case WriteLn:       /* writeln 문장 컴파일 */
    token = nextToken();
    genCodeO(wrl);  /* 줄바꿈을 출력하는 wrl 명령 */
    return;
case End: case Semicolon: /* 빈 문장을 읽어 들이면 종료 */
```

```
            return;
        default:            /* 문장 맨 앞의 키까지 버림 */
            errorDelete();  /* 읽어 들인 토큰 버림 */
            token = nextToken();
            continue;
        }
    }
}

int isStBeginKey(Token t) /* 토큰 t가 문장 맨 앞의 키워드일 때 */
{
    switch (t.kind) {
    case If: case Begin: case Ret:
    case While: case Write: case WriteLn:
        return 1;
    default:
        return 0;
    }
}

void expression() /* 식 컴파일 */
{
    KeyId k;
    k = token.kind;
    if (k==Plus || k==Minus) {
        token = nextToken();
        term();
        if (k==Minus)
            genCode0(neg);
    } else
        term();
    k = token.kind;
    while (k==Plus || k==Minus) {
        token = nextToken();
        term();
        if (k==Minus)
            genCode0(sub);
        else
            genCode0(add);
        k = token.kind;
    }
}

void term() /* 식의 항 컴파일 */
```

```
{
    KeyId k;
    factor();
    k = token.kind;
    while (k==Mult || k==Div) {
        token = nextToken();
        factor();
        if (k==Mult)
            genCodeO(mul);
        else
            genCodeO(div);
        k = token.kind;
    }
}

void factor() /* 식의 인자 컴파일 */
{
    int tIndex, i;
    KeyId k;
    if (token.kind==Id) {
        tIndex = searchT(token.u.id, varId);
        setIdKind(k=kindT(tIndex)); /* 출력을 위한 정보 설정 */
        switch (k) {
        case varId: case parId:     /* 변수 이름인지, 매개변수 이름인지 */
            genCodeT(lod, tIndex);
            token = nextToken(); break;
        case constId:               /* 상수 이름 */
            genCodeV(lit, val(tIndex));
            token = nextToken(); break;
        case funcId:                /* 함수 호출 */
            token = nextToken();
            if (token.kind==Lparen) {
                i=0;                /* i는 실제 매개변수의 개수 */
                token = nextToken();
                if (token.kind != Rparen) {
                    for (; ; ) {
                        expression(); i++; /* 실제 매개변수 컴파일 */
                        if (token.kind==Comma) {
                                /* 다음이 쉼표라면 실제 매개변수가 이어짐 */
                            token = nextToken();
                            continue;
                        }
                        token = checkGet(token, Rparen);
                        break;
```

```
                }
            } else
                token = nextToken();
            if (pars(tIndex) != i)
                errorMessage("\\#par");
                    /* pars(tIndex)는 임시 매개변수의 개수 */
        } else {
            errorInsert(Lparen);
            errorInsert(Rparen);
        }
        genCodeT(cal, tIndex);  /* call 명령 */
        break;
        }
    } else if (token.kind==Num) {    /* 상수 */
        genCodeV(lit, token.u.value);
        token = nextToken();
    } else if (token.kind==Lparen) { /* (인자) */
        token = nextToken();
        expression();
        token = checkGet(token, Rparen);
    }
    switch (token.kind) {              /* 인자 뒤가 또 인자이면 오류 */
    case Id: case Num: case Lparen:
        errorMissingOp();
        factor();
    default:
        return;
    }
}

void condition() /* 조건식 컴파일 */
{
    KeyId k;
    if (token.kind==Odd) {
        token = nextToken();
        expression();
        genCodeO(odd);
    } else {
        expression();
        k = token.kind;
        switch(k) {
        case Equal: case Lss: case Gtr:
        case NotEq: case LssEq: case GtrEq:
            break;
```

```
        default:
            errorType("rel-op");
            break;
        }

        token = nextToken();
        expression();
        switch(k) {
        case Equal:  genCode0(eq); break;
        case Lss:    genCode0(ls); break;
        case Gtr:    genCode0(gr); break;
        case NotEq:  genCode0(neq); break;
        case LssEq:  genCode0(lseq); break;
        case GtrEq:  genCode0(greq); break;
        }
    }
}
```

프로그램 A.3   **getSource.h**

```
/************* getSource.h *************/

#include <stdio.h>
#ifndef TBL
#define TBL
#include "table.h"
#endif

#define MAXNAME 31   /* 이름의 최대 길이 */

typedef enum keys { /* 키와 문자의 종류(이름) */
    Begin, End,     /* 예약어의 이름 */
    If, Then,
    While, Do,
    Ret, Func,
    Var, Const, Odd,
    Write, WriteLn,
    end_of_KeyWd,    /* 예약어의 이름은 여기까지 */
    Plus, Minus,     /* 연산자와 구분 기호 */
    Mult, Div,
    Lparen, Rparen,
    Equal, Lss, Gtr,
```

```
    NotEq, LssEq, GtrEq,
    Comma, Period, Semicolon,
    Assign,
    end_of_KeySym,    /* 연산자와 구분 기호는 여기까지 */
    Id, Num, nul,    /* 토큰의 종류 */
    end_of_Token,
    letter, digit, colon, others    /* 여기까지가 문자의 종류 */
} KeyId;

typedef struct token {    /* 토큰의 형태 */
    KeyId kind;           /* 토큰의 종류 또는 키의 이름 */
    union {
        char id[MAXNAME];    /* 식별자라면 이름 */
        int value;           /* 숫자라면 그 값 */
    } u;
} Token;

Token nextToken();                /* 다음 토큰을 읽어 들이고 리턴 */
Token checkGet(Token t, KeyId k); /* t.kind == k 확인 */
    /* t.kind == k라면 다음 토큰을 읽어 들이고 리턴 */
    /* t.kind != k라면 오류 메시지를 출력, t와 k가 같은 기호 또는 예약어라면 */
    /* t를 버리고 다음 토큰을 읽어 들이고 리턴(t를 k로 변경하게 됨) */
    /* 이 이외의 경우, k를 삽입한 상태에서 t를 리턴 */

int openSource(char fileName[]);   /* 소스 파일 열기 */
void closeSource();                /* 소스 파일 닫기 */
void initSource();                 /* 테이블 초기 설정, tex 파일 초기 설정 */
void finalSource();                /* 소스 마지막 확인, tex 파일 초기 설정 */
void errorType(char *m);           /* 자료형 오류를 .tex 파일에 삽입 */
void errorInsert(KeyId k);         /* ketString(k)를 .tex 파일에 삽입 */
void errorMissingId();        /* 이름이 없다는 메시지를 .tex 파일에 삽입 */
void errorMissingOp();        /* 연산자가 없다는 메시지를 .tex 파일에 삽입 */
void errorDelete();           /* 지금 읽어 들인 토큰 버리기(.tex 파일로 출력) */
void errorMessage(char *m);   /* 오류 메시지를 .tex 파일로 출력 */
void errorF(char *m);         /* 오류 메시지를 출력하고 컴파일러 종료 */
int errorN();                 /* 오류 개수 리턴 */

void setIdKind(KindT k);  /* 현재 토큰(Id)의 종류 설정(.tex 파일 출력 전용) */
```

```
프로그램 A.4   getSource.c
```

```
/***********getSource.c***********/

#include <stdio.h>
#include <string.h>
#include "getSource.h"

#define MAXLINE  120       /* 한 줄의 최대 문자 수 */
#define MAXERROR 30        /* 이 이상의 오류가 있다면 종료 */
#define MAXNUM   14        /* 상수의 최대 자릿수 */
#define TAB      5         /* 탭의 공백 수 */
#define INSERT_C "#0000FF" /* 삽입 문자의 색 */
#define DELETE_C "#FF0000" /* 제거 문자의 색 */
#define TYPE_C   "#00FF00" /* 타입 오류의 문자 색 */

static FILE *fpi;              /* 소스 파일 */
static FILE *fptex;           /* 레이텍 출력 파일 */
static char line[MAXLINE];   /* 한 줄만큼의 입력 버퍼 */
static int lineIndex;         /* 다음 읽어 들일 문자의 위치 */
static char ch;              /* 마지막으로 읽어 들인 문자 */

static Token cToken;          /* 마지막으로 읽어 들인 토큰 */
static KindT idKind;          /* 현재 토큰(Id)의 종류 */
static int spaces;            /* 그 토큰 앞의 공백 개수 */
static int CR;                /* 그 앞에 있는 CR의 개수 */
static int printed;           /* 토큰을 인쇄했는가? */

static int errorNo = 0;        /* 출력한 오류의 수 */
static char nextChar();         /* 다음 문자를 읽어 들이는 함수 */
static int isKeySym(KeyId k);  /* t는 기호인가? */
static int isKeyWd(KeyId k);   /* t는 예약어인가? */
static void printSpaces();      /* 토큰 앞의 공백 출력 */
static void printcToken();      /* 토큰 출력 */

struct keyWd { /* 예약어, 기호, 이름(KeyId) */
    char *word;
    KeyId keyId;
};

static struct keyWd KeyWdT[] = { /* 예약어, 기호, 이름(KeyId)의 테이블 */
    {"begin", Begin},
    {"end", End},
    {"if", If},
    {"then", Then},
```

```
            {"while", While},
            {"do", Do},
            {"return", Ret},
            {"function", Func},
            {"var", Var},
            {"const", Const},
            {"odd", Odd},
            {"write", Write},
            {"writeln",WriteLn},
            {"$dummy1",end_of_KeyWd},
                        /* 이름과 기호(KeyId)의 테이블 */
            {"+", Plus},
            {"-", Minus},
            {"*", Mult},
            {"/", Div},
            {"(", Lparen},
            {")", Rparen},
            {"=", Equal},
            {"<", Lss},
            {">", Gtr},
            {"<>", NotEq},
            {"<=", LssEq},
            {">=", GtrEq},
            {",", Comma},
            {".", Period},
            {";", Semicolon},
            {":=", Assign},
            {"$dummy2",end_of_KeySym}
};

int isKeyWd(KeyId k)     /* 키 k가 예약어인가? */
{
    return (k < end_of_KeyWd);
}

int isKeySym(KeyId k)    /* 키 k가 기호인가? */
{
    if (k < end_of_KeyWd)
        return 0;
    return (k < end_of_KeySym);
}

static KeyId charClassT[256];    /* 문자의 종류를 나타내는 테이블 */
```

```
static void initCharClassT()     /* 문자의 종류를 나타내는 테이블을 만드는 함수 */
{
    int i;
    for (i=0; i<256; i++)
        charClassT[i] = others;
    for (i='0'; i<='9'; i++)
        charClassT[i] = digit;
    for (i='A'; i<='Z'; i++)
        charClassT[i] = letter;
    for (i='a'; i<='z'; i++)
        charClassT[i] = letter;
    charClassT['+'] = Plus; charClassT['-'] = Minus;
    charClassT['*'] = Mult; charClassT['/'] = Div;
    charClassT['('] = Lparen; charClassT[')'] = Rparen;
    charClassT['='] = Equal; charClassT['<'] = Lss;
    charClassT['>'] = Gtr; charClassT[','] = Comma;
    charClassT['.'] = Period; charClassT[';'] = Semicolon;
    charClassT[':'] = colon;
}

int openSource(char fileName[]) /* 소스 파일 열기 */
{
    char fileName0[30];
    if ( (fpi = fopen(fileName,"r")) == NULL ) {
        printf("can't open %s\n", fileName);
        return 0;
    }
    strcpy(fileName0, fileName);
    strcat(fileName0,".tex");
    /*strcat(fileName0,".html"); */
    if ( (fptex = fopen(fileName0,"w")) == NULL ) {
            /* .tex(.html) 파일 만들기 */
        printf("can't open %s\n", fileName0);
        return 0;
    }
    return 1;
}

void closeSource()  /* 소스 파일과 .tex 또는 .html 파일 닫기 */
{
    fclose(fpi);
    fclose(fptex);
}
```

```
void initSource()
{
    lineIndex = -1; /* 초기 설정 */
    ch = '\n';
    printed = 1;
    initCharClassT();

    /* 레이텍 출력 */
    fprintf(fptex,"\\documentstyle[12pt]{article}\n");
    fprintf(fptex,"\\begin{document}\n");
    fprintf(fptex,"\\fboxsep=0pt\n");
    fprintf(fptex,"\\def\\insert#1{$\\fbox{#1}$}\n");
    fprintf(fptex,"\\def\\delete#1{$\\fboxrule=.5mm\\fbox{#1}$}\n");
    fprintf(fptex,"\\rm\n");
    /* html 출력 */
    /*fprintf(fptex,"<HTML>\n");
    fprintf(fptex,"<HEAD>\n<TITLE>compiled source program</TITLE>
                  \n</HEAD>\n");
    fprintf(fptex,"<BODY>\n<PRE>\n");*/
}

void finalSource()
{
    if (cToken.kind==Period)
        printcToken();
    else
        errorInsert(Period);
    fprintf(fptex,"\n\\end{document}\n");
    /*fprintf(fptex,"\n</PRE>\n</BODY>\n</HTML>\n");*/
}

/* 일반적인 오류 메시지 출력의 경우(참고용) */
/*
void error(char *m)
{
    if (lineIndex > 0)
        printf("%*s\n", lineIndex, "***^");
    else
        printf("^\n");
    printf("*** error *** %s\n", m);
    errorNo++;
    if (errorNo > MAXERROR) {
        printf("too many errors\n");
        printf("abort compilation\n");
```

```
        exit (1);
    }
}
*/

void errorNoCheck() /* 오류의 개수를 세고, 너무 많으면 종료 */
{
    if (errorNo++ > MAXERROR) {
        fprintf(fptex, "too many errors\n\\end{document}\n");
        /*fprintf(fptex, "too many errors\n</PRE>\n</BODY>\n
                        </HTML>\n");*/
        printf("abort compilation\n");
        exit (1);
    }
}

void errorType(char *m) /* 자료형 오류를 .tex 또는 .html 파일에 출력 */
{
    printSpaces();
    /* fprintf(fptex, "<FONT COLOR=%s>%s</FONT>", TYPE_C, m); */
    fprintf(fptex, "\\(\\stackrel{\\mbox{\\scriptsize %s}}{\\mbox{",
            m);
    printcToken();
    fprintf(fptex, "}}\\)");
    errorNoCheck();
}

void errorInsert(KeyId k) /* keyString(k)를 .tex 또는 .html 파일에 삽입 */
{
    if (k < end_of_KeyWd) /* 예약어 */
        fprintf(fptex, "\\ \\insert{{\\bf %s}}", KeyWdT[k].word);
    else /* 연산자인지, 구분 기호인지 */
        fprintf(fptex, "\\ \\insert{$%s$}", KeyWdT[k].word);
    /* fprintf(fptex, "<FONT COLOR=%s><b>%s</b></FONT>", INSERT_C,
       KeyWdT[k].word); */
    errorNoCheck();
}

void errorMissingId() /* 이름이 아니라는 메시지를 .tex 또는 .html 파일에 삽입 */
{
    fprintf(fptex, "\\insert{Id}");
    /* fprintf(fptex, "<FONT COLOR=%s>Id</FONT>", INSERT_C); */
    errorNoCheck();
}
```

```
void errorMissingOp() /* 연산자가 아니라는 메시지를 .tex 또는 .html 파일에
                          삽입 */
{
    fprintf(fptex, "\\insert{$\\otimes$}");
    /* fprintf(fptex, "<FONT COLOR=%s>@</FONT>", INSERT_C); */
    errorNoCheck();
}

void errorDelete() /* 읽어 들인 토큰 버리기 */
{
    int i=(int)cToken.kind;
    printSpaces();
    printed = 1;
    if (i < end_of_KeyWd)                /* 예약어 */
        fprintf(fptex, "\\delete{{\\bf %s}}", KeyWdT[i].word);
        /* fprintf(fptex, "<FONT COLOR=%s><b>%s</b></FONT>", DELETE_C,
            KeyWdT[i].word); */
    else if (i < end_of_KeySym)          /* 연산자인지 구분 기호인지 */
        fprintf(fptex, "\\delete{$%s$}", KeyWdT[i].word);
        /* fprintf(fptex, "<FONT COLOR=%s>%s</FONT>", DELETE_C,
            KeyWdT[i].word); */
    else if (i==(int)Id)                 /* 식별자 */
        fprintf(fptex, "\\delete{%s}", cToken.u.id);
        /* fprintf(fptex, "<FONT COLOR=%s>%s</FONT>", DELETE_C,
            cToken.u.id); */
    else if (i==(int)Num)                /* 숫자 */
        fprintf(fptex, "\\delete{%d}", cToken.u.value);
        /* fprintf(fptex, "<FONT COLOR=%s>%d</FONT>", DELETE_C,
            cToken.u.value); */
}

void errorMessage(char *m) /* 오류 메시지를 .tex 또는 .html 파일에 출력 */
{
    fprintf(fptex, "$^{%s}$", m);
    /* fprintf(fptex, "<FONT COLOR=%s>%s</FONT>", TYPE_C, m); */
    errorNoCheck();
}

void errorF(char *m) /* 오류 메시지를 출력하고 컴파일러 종료 */
{
    errorMessage(m);
    fprintf(fptex, "fatal errors\n\\end{document}\n");
    /* fprintf(fptex, "fatal errors\n</PRE>\n</BODY>\n</HTML>\n"); */
```

```
    if (errorNo)
        printf("total %d errors\n", errorNo);
    printf("abort compilation\n");
    exit (1);
}

int errorN()     /* 오류 개수 리턴 */
{
    return errorNo;
}

char nextChar() /* 다음 문자 하나를 리턴하는 함수 */
{
    char ch;
    if (lineIndex == -1) {
        if (fgets(line, MAXLINE, fpi) != NULL) {
/*      puts(line); */   /* 일반적인 오류 메시지 출력의 경우(참고) */
            lineIndex = 0;
        } else {
            errorF("end of file\n"); /* end of file이라면 컴파일 종료 */
        }
    }
    if ((ch = line[lineIndex++]) == '\n') { /* ch에 다음 문자 하나 */
        lineIndex = -1; /* 줄바꿈 문자라면 다음 줄 입력 준비 */
        return '\n';     /* 문자로 줄바꿈 문자 리턴 */
    }
    return ch;
}

Token nextToken()     /* 다음 토큰을 읽어 들이고 리턴 */
{
    int i = 0;
    int num;
    KeyId cc;
    Token temp;
    char ident[MAXNAME];
    printcToken();     /* 앞의 토큰 출력 */
    spaces = 0; CR = 0;
    while (1) {     /* 다음 토큰까지 공백과 줄바꿈을 셈 */
        if (ch == ' ')
            spaces++;
        else if  (ch == '\t')
            spaces+=TAB;
        else if (ch == '\n') {
```

```
        spaces = 0;   CR++;
    }
    else break;
    ch = nextChar();
}
switch (cc = charClassT[ch]) {
case letter: /* 식별자 */
    do {
        if (i < MAXNAME)
            ident[i] = ch;
        i++; ch = nextChar();
    } while (  charClassT[ch] == letter
            || charClassT[ch] == digit );
    if (i >= MAXNAME) {
        errorMessage("too long");
        i = MAXNAME - 1;
    }
    ident[i] = '\0';
    for (i=0; i<end_of_KeyWd; i++)
        if (strcmp(ident, KeyWdT[i].word) == 0) {
            temp.kind = KeyWdT[i].keyId; /* 예약어의 경우 */
            cToken = temp; printed = 0;
            return temp;
        }
    temp.kind = Id; /* 사용자가 선언한 이름의 경우 */
    strcpy(temp.u.id, ident);
    break;
case digit:          /* 숫자 */
    num = 0;
    do {
        num = 10*num+(ch-'0');
        i++; ch = nextChar();
    } while (charClassT[ch] == digit);
    if (i>MAXNUM)
        errorMessage("too large");
    temp.kind = Num;
    temp.u.value = num;
    break;
case colon:
    if ((ch = nextChar()) == '=') {
        ch = nextChar();
        temp.kind = Assign; /* ":=" */
        break;
    } else {
```

```
                temp.kind = nul;
                break;
            }
        case Lss:
            if ((ch = nextChar()) == '=') {
                ch = nextChar();
                temp.kind = LssEq; /* "<=" */
                break;
            } else if (ch == '>') {
                ch = nextChar();
                temp.kind = NotEq; /* "<>" */
                break;
            } else {
                temp.kind = Lss;
                break;
            }
        case Gtr:
            if ((ch = nextChar()) == '=') {
                ch = nextChar();
                temp.kind = GtrEq; /* ">=" */
                break;
            } else {
                temp.kind = Gtr;
                break;
            }
        default:
            temp.kind = cc;
            ch = nextChar(); break;
        }
        cToken = temp; printed = 0;
        return temp;
}

Token checkGet(Token t, KeyId k) /* t.kind == k 확인 */
    /* t.kind == k라면 다음 토큰을 읽어 들이고 리턴 */
    /* t.kind != k라면 오류 메시지를 출력, t와 k가 같은 기호 또는 예약어라면 */
    /* t를 버리고 다음 토큰을 읽어 들이고 리턴(t를 k로 변경하게 됨) */
    /* 이 이외의 경우, k를 삽입한 상태에서 t를 리턴 */
{
    if (t.kind==k)
        return nextToken();
    if ((isKeyWd(k) && isKeyWd(t.kind)) ||
        (isKeySym(k) && isKeySym(t.kind))) {
        errorDelete();
```

```
        errorInsert(k);
        return nextToken();
    }
    errorInsert(k);
    return t;
}

static void printSpaces() /* 공백 또는 줄바꿈 출력 */
{
    while (CR-- > 0)
        fprintf(fptex, "\\ \\par\n");
        /* fprintf(fptex, "\n"); */
    while (spaces-- > 0)
        fprintf(fptex, "\\ ");
        /*fprintf(fptex, " ");*/
    CR = 0; spaces = 0;
}

void printcToken() /* 현재 토큰 출력 */
{
    int i=(int)cToken.kind;
    if (printed) {
        printed = 0; return;
    }
    printed = 1;
    printSpaces(); /* 토큰 앞에 공백 또는 줄바꿈 출력 */
    if (i < end_of_KeyWd) /* 예약어 */
        fprintf(fptex, "{\\bf %s}", KeyWdT[i].word);
        /* fprintf(fptex, "<b>%s</b>", KeyWdT[i].word); */
    else if (i < end_of_KeySym) /* 연산자인지 구분 기호인지 */
        /* fprintf(fptex, "%s", KeyWdT[i].word); */
        fprintf(fptex, "$%s$", KeyWdT[i].word);
    else if (i==(int)Id) { /* 식별자 */
        switch (idKind) {
        case varId:
            fprintf(fptex, "%s", cToken.u.id); return;
        case parId:
            fprintf(fptex, "{\\sl %s}", cToken.u.id); return;
            /* fprintf(fptex, "<i>%s</i>", cToken.u.id); return; */
        case funcId:
            fprintf(fptex, "{\\it %s}", cToken.u.id); return;
            /* fprintf(fptex, "<i>%s</i>", cToken.u.id); return; */
        case constId:
            fprintf(fptex, "{\\sf %s}", cToken.u.id); return;
```

```
        /* fprintf(fptex, "<tt>%s</tt>", cToken.u.id); return; */
      }
  } else if (i==(int)Num) /* 숫자 */
    fprintf(fptex, "%d", cToken.u.value);
}

void setIdKind (KindT k)    /* 현재 토큰(Id)의 종류 설정 */
{
    idKind = k;
}
```

프로그램 A.5 **table.h**

```
/**********table.h**********/

typedef enum kindT {     /* 식별자의 종류 */
    varId, funcId, parId, constId
} KindT;
typedef struct relAddr { /* 변수, 매개변수, 함수 주소의 형태 */
    int level;
    int addr;
} RelAddr;

void blockBegin(int firstAddr); /* 블록 시작 때 호출(맨 앞부분의) */
void blockEnd();      /* 블록 종료 때 호출 */
int bLevel();         /* 현재 블록 레벨 리턴 */
int fPars();          /* 현재 블록 함수의 매개변수 수 리턴 */
int enterTfunc(char *id, int v);  /* 이름 테이블에 함수 이름과
                                     맨 앞 주소 등록 */
int enterTvar(char *id);          /* 이름 테이블에 변수 이름 등록 */
int enterTpar(char *id);          /* 이름 테이블에 매개변수 이름 등록 */
int enterTconst(char *id, int v); /* 이름 테이블에 상수 이름과 값 등록 */
void endpar();                    /* 매개변수 선언부의 마지막에서 호출됨 */
void changeV(int ti, int newVal);
     /* 이름_테이블[ti]의 값(함수 맨 앞부분의 주소)을 변경 */

int searchT(char *id, KindT k); /* 이름 id의 이름 테이블 위치 리턴 */
                                /* 없는 경우에는 오류 발생 */
KindT kindT(int i);             /* 이름_테이블[i]의 종류 리턴 */

RelAddr relAddr(int ti);        /* 이름_테이블[ti]의 주소 리턴 */
int val(int ti);                /* 이름_테이블[ti]의 값 리턴 */
```

```
int pars(int ti);              /* 이름_테이블[ti]의 함수 매개변수 수 리턴 */
int frameL();                  /* 블록 실행 때에 필요한 메모리 용량 확인 */
```

프로그램 A.6   **table.c**

```
/*********table.c*********/

#ifndef TBL
#define TBL
#include "table.h"
#endif
#include "getSource.h"

#define MAXTABLE 100    /* 이름 테이블의 최대 길이 */
#define MAXNAME  31     /* 이름의 최대 길이 */
#define MAXLEVEL 5      /* 블록의 최대 깊이 */

typedef struct tableE { /* 이름 테이블 엔트리의 형태 */
    KindT kind;             /* 이름의 종류 */
    char name[MAXNAME]; /* 이름 철자 */
    union {
        int value;          /* 상수의 경우: 값 */
        struct {
            RelAddr raddr;  /* 함수의 경우: 앞부분의 주소 */
            int pars;       /* 함수의 경우: 매개변수 수 */
        } f;
        RelAddr raddr;          /* 변수, 매개변수의 경우: 주소 */
    } u;
} TabelE;

static TabelE nameTable[MAXTABLE];  /* 이름 테이블 */
static int tIndex = 0;              /* 이름 테이블의 인덱스 */
static int level = -1;              /* 현재 블록 레벨 */
static int index[MAXLEVEL]; /* index[i]에는 블록 레벨 i의 마지막 인덱스 */
static int addr[MAXLEVEL];  /* addr[i]에는 블록 레벨 i의 마지막 변수의 주소 */
static int localAddr;       /* 현재 블록 마지막 변수의 주소 */
static int tfIndex;

static char* kindName(KindT k) /* 이름 종류 출력을 위한 함수 */
{
    switch (k) {
    case varId: return "var";
```

```
        case parId: return "par";
        case funcId: return "func";
        case constId: return "const";
        }
}

void blockBegin(int firstAddr)    /* 블록 시작(첫 변수의 주소)으로 호출 */
{
    if (level == -1) {             /* 메인 블록이면 초기 설정 */
        localAddr = firstAddr;
        tIndex = 0;
        level++;
        return;
    }
    if (level == MAXLEVEL-1)
        errorF("too many nested blocks");
    index[level] = tIndex;  /* 지금까지 블록 정보 저장 */
    addr[level] = localAddr;
    localAddr = firstAddr;  /* 새로운 블록의 첫 변수의 위치 */
    level++;                /* 새로운 블록 레벨 */
    return;
}

void blockEnd() /* 블록 종료 때 호출 */
{
    level--;
    tIndex = index[level]; /* 바로 밖 블록의 정보 복구 */
    localAddr = addr[level];
}

int bLevel() /* 현재 블록 레벨 리턴 */
{
    return level;
}

int fPars() /* 현재 블록 함수의 매개변수 수 리턴 */
{
    return nameTable[index[level-1]].u.f.pars;
}

void enterT(char *id) /* 이름 테이블에 이름 등록 */
{
    if (tIndex++ < MAXTABLE) {
        strcpy(nameTable[tIndex].name, id);
```

```
        } else
            errorF("too many names");
}

int enterTfunc(char *id, int v) /* 이름 테이블에 함수 이름과 맨 앞 주소 등록 */
{
    enterT(id);
    nameTable[tIndex].kind = funcId;
    nameTable[tIndex].u.f.raddr.level = level;
    nameTable[tIndex].u.f.raddr.addr = v; /* 함수 맨 앞부분의 주소 */
    nameTable[tIndex].u.f.pars = 0;        /* 매개변수 수의 초깃값 */
    tfIndex = tIndex;
    return tIndex;
}


int enterTpar(char *id) /* 이름 테이블에 매개변수 이름 등록 */
{
    enterT(id);
    nameTable[tIndex].kind = parId;
    nameTable[tIndex].u.raddr.level = level;
    nameTable[tfIndex].u.f.pars++; /* 함수의 매개변수 수 세기 */
    return tIndex;
}


int enterTvar(char *id) /* 이름 테이블에 변수 이름 등록 */
{
    enterT(id);
    nameTable[tIndex].kind = varId;
    nameTable[tIndex].u.raddr.level = level;
    nameTable[tIndex].u.raddr.addr = localAddr++;
    return tIndex;
}


int enterTconst(char *id, int v) /* 이름 테이블에 상수 이름과 값 등록 */
{
    enterT(id);
    nameTable[tIndex].kind = constId;
    nameTable[tIndex].u.value = v;
    return tIndex;
}

void endpar() /* 매개변수 선언부의 마지막에서 호출됨 */
{
    int i;
```

```
        int pars = nameTable[tfIndex].u.f.pars;
        if (pars == 0)  return;
        for (i=1; i<=pars; i++) /* 각 매개변수의 주소 구하기 */
            nameTable[tfIndex+i].u.raddr.addr = i-1-pars;
}

void changeV(int ti, int newVal)
        /* 이름_테이블[ti]의 값(함수 맨 앞부분의 주소)을 변경 */
{
    nameTable[ti].u.f.raddr.addr = newVal;
}

int searchT(char *id, KindT k) /* 이름 id의 이름 테이블 위치 리턴 */
            /* 없는 경우에는 오류 발생 */
{
    int i;
    i = tIndex;
    strcpy(nameTable[0].name, id);  /* 센티널 생성 */
    while (strcmp(id, nameTable[i].name))
        i--;
    if (i)                          /* 이름이 있을 때 */
        return i;
    else {                          /* 이름이 없을 때 */
        errorType("undef");
        if (k==varId) return enterTvar(id); /* 변수라면 일단 등록 */
        return 0;
    }
}

KindT kindT(int i) /* 이름_테이블[i]의 종류 리턴 */
{
    return nameTable[i].kind;
}

RelAddr relAddr(int ti) /* 이름_테이블[ti]의 주소 리턴 */
{
    return nameTable[ti].u.raddr;
}

int val(int ti) /* 이름_테이블[ti]의 값 리턴 */
{
    return nameTable[ti].u.value;
}
```

```
int pars(int ti) /* 이름_테이블[ti]의 함수 매개변수 수 리턴 */
{
    return nameTable[ti].u.f.pars;
}

int frameL() /* 블록 실행 때에 필요한 메모리 용량 확인 */
{
    return localAddr;
}
```

프로그램 A.7　**codegen.h**

```
/***************** codegen.h *****************/

typedef enum codes { /* 명령어 코드 */
    lit, opr, lod, sto, cal, ret, ict, jmp, jpc
} OpCode;

typedef enum ops {    /* 연산 명령 코드 */
    neg, add, sub, mul, div, odd, eq, ls, gr,
    neq, lseq, greq, wrt, wrl
} Operator;

int genCodeV(OpCode op, int v);      /* 명령어 생성, 주소부에 v */
int genCodeT(OpCode op, int ti);     /* 명령어 생성, 주소는 이름 테이블에서 */
int genCodeO(Operator p);            /* 명령어 생성, 주소부에 연산 명령 */
int genCodeR();                      /* ret 명령어 생성 */
void backPatch(int i);               /* 명령어 백패치 */

int nextCode();     /* 다음 명령어의 주소 리턴 */
void listCode();    /* 목적 코드 출력 */
void execute();     /* 목적 코드 실행 */
```

프로그램 A.8　**codegen.c**

```
/***************codegen.c***************/

#include <stdio.h>
#include "codegen.h"
#ifndef TBL
```

```
#define TBL
#include "table.h"
#endif
#include "getSource.h"

#define MAXCODE 200  /* 목적 코드의 최대 길이 */
#define MAXMEM 2000  /* 실행할 때 스택의 최대 크기 */
#define MAXREG 20    /* 연산 레지스터 스택의 최대 크기 */
#define MAXLEVEL 5   /* 블록 최대 깊이 */

typedef struct inst { /* 명령어의 형태 */
    OpCode  opCode;
    union{
        RelAddr addr;
        int value;
        Operator optr;
    } u;
} Inst;

static Inst code[MAXCODE];      /* 목적 코드 집합 */
static int cIndex = -1;         /* 최종적으로 생성한 명령어의 인덱스 */
static void checkMax();         /* 목적 코드의 인덱스 증가와 확인 */
static void printCode(int i);   /* 명령어 출력 */

int nextCode()                  /* 다음 명령어의 주소 리턴 */
{
    return cIndex+1;
}

int genCodeV(OpCode op, int v)  /* 명령어 생성, 주소부에 v */
{
    checkMax();
    code[cIndex].opCode = op;
    code[cIndex].u.value = v;
    return cIndex;
}

int genCodeT(OpCode op, int ti) /* 명령어 생성, 주소는 이름 테이블에서 */
{
    checkMax();
    code[cIndex].opCode = op;
    code[cIndex].u.addr = relAddr(ti);
    return cIndex;
}
```

```
int genCode0(Operator p) /* 명령어 생성, 주소부에 연산 명령 */
{
    checkMax();
    code[cIndex].opCode = opr;
    code[cIndex].u.optr = p;
    return cIndex;
}

int genCodeR() /* ret 명령어 생성 */
{
    if (code[cIndex].opCode == ret)
        return cIndex; /* 바로 앞이 ret이라면 생성하지 않음 */
    checkMax();
    code[cIndex].opCode = ret;
    code[cIndex].u.addr.level = bLevel();
    code[cIndex].u.addr.addr = fPars(); /* 매개변수 수(실행 스택 해제 목적) */
    return cIndex;
}

void checkMax() /* 목적 코드 인덱스 증가와 확인 */
{
    if (++cIndex < MAXCODE)
        return;
    errorF("too many code");
}

void backPatch(int i) /* 명령어 백패치 */
{
    code[i].u.value = cIndex+1;
}

void listCode() /* 명령어 전체 출력 */
{
    int i;
    printf("\ncode\n");
    for(i=0; i<=cIndex; i++) {
        printf("%3d: ", i);
        printCode(i);
    }
}

void printCode(int i) /* 명령어 출력 */
{
```

```
    int flag;
    switch(code[i].opCode) {
    case lit: printf("lit"); flag=1; break;
    case opr: printf("opr"); flag=3; break;
    case lod: printf("lod"); flag=2; break;
    case sto: printf("sto"); flag=2; break;
    case cal: printf("cal"); flag=2; break;
    case ret: printf("ret"); flag=2; break;
    case ict: printf("ict"); flag=1; break;
    case jmp: printf("jmp"); flag=1; break;
    case jpc: printf("jpc"); flag=1; break;
    }
    switch(flag) {
    case 1:
        printf(",%d\n", code[i].u.value);
        return;
    case 2:
        printf(",%d", code[i].u.addr.level);
        printf(",%d\n", code[i].u.addr.addr);
        return;
    case 3:
        switch(code[i].u.optr) {
        case neg: printf(",neg\n"); return;
        case add: printf(",add\n"); return;
        case sub: printf(",sub\n"); return;
        case mul: printf(",mul\n"); return;
        case div: printf(",div\n"); return;
        case odd: printf(",odd\n"); return;
        case eq: printf(",eq\n"); return;
        case ls: printf(",ls\n"); return;
        case gr: printf(",gr\n"); return;
        case neq: printf(",neq\n"); return;
        case lseq: printf(",lseq\n"); return;
        case greq: printf(",greq\n"); return;
        case wrt: printf(",wrt\n"); return;
        case wrl: printf(",wrl\n"); return;
        }
    }
}

void execute() /* 목적 코드(명령어) 실행 */
{
    int stack[MAXMEM];        /* 실행 스택 */
    int display[MAXLEVEL];    /* 현재 보이는 블록 맨 앞 주소의 디스플레이 */
```

```
int pc, top, lev, temp;
Inst i;                     /* 실행할 명령 */
printf("start execution\n");
top = 0;  pc = 0;          /* top: 스택 탑, pc: 명령어 카운터 */
stack[0] = 0;  stack[1] = 0;
    /* stack[top]은 호출한 쪽에서 일시적으로 사라지는 디스플레이의 퇴피 장소 */
    /* stack[top+1]은 호출된 곳으로의 리턴 주소 */
display[0] = 0; /* 메인 블록의 맨 앞부분 주소는 0 */
do {
    i = code[pc++]; /* 이제 실행할 명령어 */
    switch(i.opCode) {
    case lit: stack[top++] = i.u.value;
        break;
    case lod: stack[top++] = stack[display[i.u.addr.level]
                                    + i.u.addr.addr];
        break;
    case sto: stack[display[i.u.addr.level] + i.u.addr.addr]
            = stack[--top];
        break;
    case cal: lev = i.u.addr.level +1;
        /* i.u.addr.level은 callee의 이름 레벨 */
        /* callee 블록의 레벨 lev는 거기에 +1 한 것 */
        stack[top] = display[lev];   /* display[lev]로 퇴피 */
        stack[top+1] = pc; display[lev] = top;
            /* 현재 top이 callee 블록 맨 앞의 주소 */
        pc = i.u.addr.addr;
        break;
    case ret: temp = stack[--top];      /* 스택 탑에 있는 것이 리턴값 */
        top = display[i.u.addr.level]; /* top을 호출한 때의
                                          값으로 복구 */
        display[i.u.addr.level] = stack[top]; /* 이전 디스플레이 복구 */
        pc = stack[top+1];
        top -= i.u.addr.addr;   /* 실인수만큼 탑을 제거 */
        stack[top++] = temp;    /* 리턴값을 스택 탑에 */
        break;
    case ict: top += i.u.value;
        if (top >= MAXMEM-MAXREG)
            errorF("stack overflow");
        break;
    case jmp: pc = i.u.value; break;
    case jpc: if (stack[--top] == 0)
        pc = i.u.value;
        break;
    case opr:
```

```
                switch(i.u.optr) {
            case neg: stack[top-1] = -stack[top-1]; continue;
            case add: --top;  stack[top-1] += stack[top]; continue;
            case sub: --top; stack[top-1] -= stack[top]; continue;
            case mul: --top;  stack[top-1] *= stack[top]; continue;
            case div: --top;  stack[top-1] /= stack[top]; continue;
            case odd: stack[top-1] = stack[top-1] & 1; continue;
            case eq: --top;  stack[top-1] = (stack[top-1]
                             == stack[top]);
                continue;
            case ls: --top;  stack[top-1] = (stack[top-1]
                             < stack[top]);
                continue;
            case gr: --top;  stack[top-1] = (stack[top-1]
                             > stack[top]);
                continue;
            case neq: --top;  stack[top-1] = (stack[top-1]
                               != stack[top]);
                continue;
            case lseq: --top;  stack[top-1] = (stack[top-1]
                               <= stack[top]);
                continue;
            case greq: --top;  stack[top-1] = (stack[top-1]
                               >= stack[top]);
                continue;
            case wrt: printf("%d ", stack[--top]); continue;
            case wrl: printf("\n"); continue;
            }
        }
    } while (pc != 0);
}
```

참고 문헌

[Aho 07] Aho, Lam, Sethi, Ullman: Compilers — Principles, Techniques, & Tools, Second Edition Addison Wesley, 2007

[ALGOL 60] Naur, P. et al. : Report on the algorithmic language ALGOL 60, Comm. ACM, vol. 3, no. 5, pp. 299-314, 1960.

[antlr] http://www.antlr.org/

[coins] http://coins-compiler.osdn.jp/index.html

[Con 63] Conway, M. E. : Design of a Separable Transition-Diagram Compiler, Comm. ACM, vol. 6, no. 7, pp. 396-408, 1963.

[DeRem 71] DeRemer, F. L. : Simple LR(k) Grammars, Comm. ACM, vol. 14, no. 7, pp. 453-460, 1971.

[Floyd 63] Floyd, R. W. : Syntactic Analysis and Operator Precedence, J. ACM, vol. 10, no. 7, pp. 316-333, 1963.

[JavaCC] https://javacc.org/

[ISO/IEC 99] ISO/IEC 9899(Information technology-Programming languages-C)

[John 75] Johnson, S. C. : Yacc — Yet Another Compiler Compiler, Comp. Sci. Tech. Rep. 32, Bell Laboratories, 1975.

[JW 78] Jensen, K. and Wirth, N. : Pascal User Manual and Report, 2nd edition. Springer-Verlag, 1978.

[Knuth 65] Knuth, D. E. : On the Translation of Languages from Left to Right, Information and Control, vol. 8, no. 6, pp. 607-639, 1965.

[KR 88] Kernighan, B. W. and Ritchie, D. : The C Programming Language, Second Edition, Prentice-Hall, 1988.

[Lev 90] Levine, J. R., Mason, T. and Brown, D. : lex & yacc, O'Reilly & Associates, 1990.

[Lex] http://dinosaur.compilertools.net/lex/index.html

[llvm] http://llvm.org/

[LRS 76] Lewis, P. M. II, Rosenkrantz, D. J. and Stearns, R. E. : Compiler Design Theory, Addison Wesley, 1976.

[LS 68] Lewis, P. M. II and Stearns, R. E. : Syntax-Directed Transductions, J. ACM, vol. 15, no. 7, pp. 465-488, 1968.

[Moss 90] H. Mossenbock : Coco/R — A generator for Fast Compiler Front-Ends, Report 127, Institut fur Computersysteme, ETH Zurich, 1990.

[Parr 09] Terence Parr : Language Implementation Patterns — Create Your Own Domain-Specific and General Programming Languages, The Pragmatic Bookshelf, 2009

[pl0javacc] http://www.k.hosei.ac.jp/~nakata/oCompiler/PL0javacc/pl0javacc.html

[pl0yacc] http://www.k.hosei.ac.jp/~nakata/oCompiler/PL0yacc/pl0yacc.html

[SB 60] Samelson, K. and Bauer, F. L. : Sequential Formula Translation, Comm. ACM. vol. 3, no. 2, pp. 76-83, 1960.

[Wirth 71] Wirth, N. : The Design of a PASCAL Compiler, Software — Practice and Experience, vol. 1, pp. 309-333, 1971.

[Wirth 76] Wirth, N. : Algorithms+Data Structures=Programs, Prentice-Hall, 1976.

[Wirth 86] N. Wirth : Compilerbau, 4th edition, Teubner Studienbucher, 1986.

연습 문제 해답

1장

1.

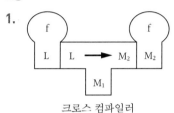

크로스 컴파일러

2.

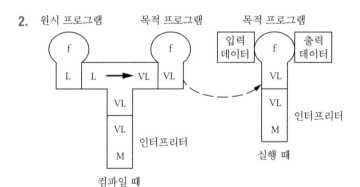

2장

1. (1) abc*+   (2) ab+c*d+   (3) abc*de+*+

    (4) ab*c*d+e+

2. (1) (a+b)*c   (2) a*(b+c)-(d/e+f)   (3) a/(b-c*(d+e))

    (4) ((a-b)/c+d)*e

3. 생략

4. 생략

3장

1. (1) S → D | SD

  D → 0 | 1 | 2 | 3 | 4 | 5 | 6 | 7 | 8 | 9

 (2) S → D | NT

  T → D | TD

  N → 1 | 2 | 3 | 4 | 5 | 6 | 7 | 8 | 9

  D → 0 | N

 (3) S → N | SD

2. (i)

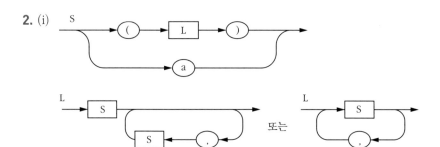

또는

(ii)

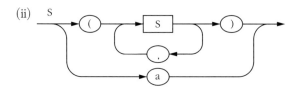

(iii) a, (a, a), (a, (a, a), ((a), a)) 등 리스프(Lisp)의 S-표현식

3. 종단 기호는 (,), a, , , 비종단 기호는 S, L

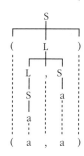
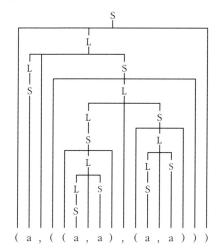

4. $\{E \to EE+ \mid EE* \mid a \mid b \mid c\}$

5.

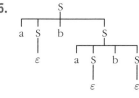
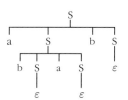

6. $L(G) = \{a^m b^m b^n a^n \mid m \geq 1, n \geq 0\}$

$L(G) = \{a^m c^n b^n b^m \mid m \geq 0, n \geq 1\}$

$L(G) = \{(ab)^n a \mid n \geq 0\}$

7. (i) $V_N = \{B, C, D\}$

$V_T = \{\vee, \wedge, \neg, (,), a, b\}$

(ii)

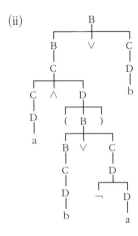

(iii) ∨을 논리합, ∧을 논리곱, ¬을 부정 연산자라고 생각할 때 일반적인 논리식의 형태를 한 것들의 집합입니다.

(iv) 예를 들어 원래 문법에서는 b∧¬a 또는 ¬¬a라는 구문(논리식으로 일반적으로 생각하는 형태)을 생성할 수 있지만, C → ¬C에서는 전자가 생성되지 않으며, C → ¬D에서는 양쪽 모두 생성되지 않습니다.

8. $P = \{E \to E + T \mid T$

$\qquad T \to T * B \mid B$

$\qquad B \to F \uparrow B \mid F$

$\qquad F \to (E) \mid a \mid b \mid c\}$

4장

1. (1) a(a | b | c)*c

(2) (a | b | c)*(aa | bb)(a | b | c)*

(3) (b | c)*a(b | c)*(a(b | c)*a(b | c)*)*

(4) 1(0 | 1)*(0 | 1)(0 | 1)0

2. (1) NFA

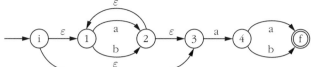

DFA

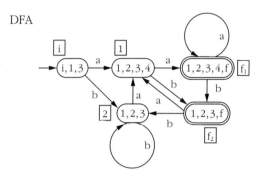

상태 천이 테이블

상태	a 천이	b 천이
i	1	2
1	f_1	f_2
2	1	2
f_1	1	2
f_2	f_1	f_2

상태 최소의 DFA

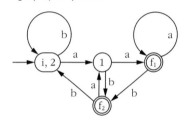

다음 (2)~(5)는 (a), (b)의 해답은 생략하고 (c)의 해답만 적었습니다.

(2)

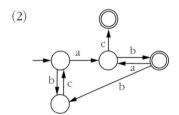

(3)

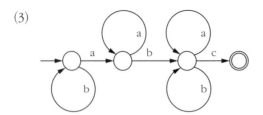

(4)

(5)

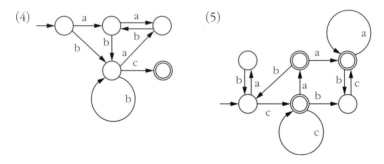

(6) NFA

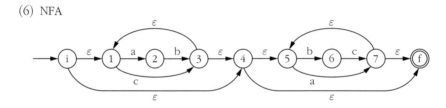

DFA

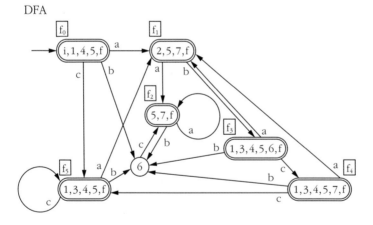

상태 천이 테이블

상태	a 천이	b 천이	c 천이
1			f_2
f_0	f_1	1	f_5
f_1	f_2	f_3	
f_2	f_2	1	
f_3	f_1	1	f_4
f_4	f_1	1	f_5
f_5	f_1	1	f_5

상태 최소의 DFA

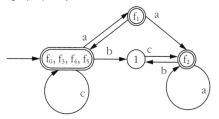

3. 단어를 구별하지 않는 NFA

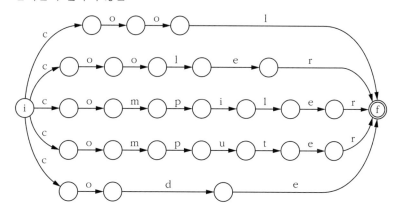

단어를 구별하지 않는 DFA

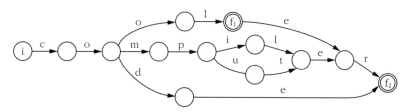

단어를 구별하는 NFA

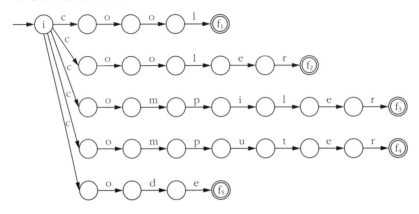

단어를 구별하는 DFA

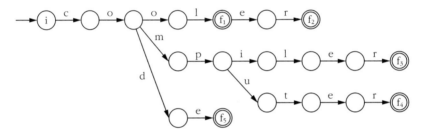

4. 생략

5장

1. 오른쪽 변이 여러 개인 비종단 기호 Director와 이와 관련된 것에 대해서만 적었습니다.

(1) First(C) = $\{c, \varepsilon\}$, First(B) = $\{b\}$, Follow(B) = $\{d\}$, Follow(C)
= Follow(B) = $\{d\}$

Director(C, c) = $\{c\}$, Director(C, ε) = Follow(C) = $\{d\}$

LL(1) 문법임

(2) First(C) = $\{c, \varepsilon\}$, First(B) = $\{b\}$, Follow(B) = $\{c\}$, Follow(C)
= Follow(B) = $\{c\}$

Director(C, c) = $\{c\}$, Director(C, ε) = Follow(C) = $\{c\}$

LL(1) 문법이 아님

(3) First(B) = {b, ε}, First(A) = {a, ε}, Follow(A) = {b, a}, Follow(B) = {a}

Director(A, a) = {a}, Director(A, ε) = Follow(A) = {b, a}

Director(B, b) = {b}, Director(B, ε) = Follow(B) = {a}

LL(1) 문법이 아님

(4) First(B) = {b, ε}, First(A) = {a, b, ε}, Follow(A) = {c}, Follow(B) = {a, c}

Director(A, a) = {a}, Director(A, B) = {b, c}, Director(A, ε) = Follow(A) = {c}

Director(B, b) = {b}, Director(B, ε) = Follow(B) = {a, c}

LL(1) 문법이 아님

(5) First(C)={c, d, ε}, First(B)={b, c, d, ε}, First(S)={a, b, c, d, ε}, Follow(S)=Follow(B)=Follow(C)={$, e}, Director(S, aSe)={a}, Director(S, B)={b, c, d, e, $}, Director(B, bBe)={b}, Director(B, C)={c, d, e, $}, Director(C, cCe)={c}, Director(C, d)={d}, Director(C, ε)={e, $}

LL(1) 문법임

2.

```
void L()
{
    S();
    while (nextToken == ',') {
        nextToken = getToken();
        S();
    }
}

void S()
{
    if (nextToken == '(') {
        nextToken = getToken();
        L();
```

```
        if (nextToken == ')')
            nextToken = getToken();
        else
            error();
    }
    else if (nextToken == 'a')
        nextToken = getToken();
    else
        error();
}
```

3.

	First	Follow
E	not (i	$)
E′	or ε	$)
T	not (i	or $)
T′	and ε	or $)
F	not (i	and or $)

왼쪽 재귀성을 제거한 문법	Direcor
E → TE′	not (i
E′ → or T [or] E′	or
E′ → ε	$)
T → FT′	not (i
T′ → and F [and] T′	and
T′ → ε	or $)
F → not F [not]	not
F → (E)	(
F → i[i]	i

```
void F()
{
    if (nextToken == "not") {
        nextToken = getToken();
        F();
        putToken("not");
    }
    else if (nextToken == "(") {
        nextToken = getToken();
        E();
        if (nextToken == ")")
            nextToken = getToken();
        else
            error();
    }
    else if (nextToken = "i") {
```

```
        nextToken = getToken();
        putToken("i");
    }
    else
        error();
}
```

```
void E()
{
    T();
    while (nextToken == "or") {
        nextToken = getToken();
        T();
        putToken ("or");
    }
}
void T()
{
    F();
    while (nextToken == "and") {
        nextToken = getToken();
        F();
        putToken("and");
    }
}
```

4. First(elsepart) = {else, ε}, Follow(statement) $\supset$ First(elsepart) $-$ {ε}

= {else}

Follow(elsepart) $\supset$ Follow(statement) $\supset$ {else}

Director(elsepart, else statement) = {else}

Director(elsepart, ε) = Follow(elsepart) $\supset$ {else}

elsepart 2개의 Director에 공통 부분이 있으므로 LL(1) 문법이 아닙니다.

이 프로그램 elsepart()에서는 else를 보았을 때 2개의 Director 중에서 Director(elsepart, else statement)를 선택하게 됩니다. 이는 else와 가까운 then을 대응시키는 것을 의미합니다. 그림 3.3의 예 if C_1 then if C_2 then

S_1 else S_2의 구문 분석 과정에서 `elsepart()`가 호출되는 것은 두 번째 if로 시작하는 statement 분석 중에서 S_1의 구문 규칙이 나온 직후입니다. 이때 `elsepart()`에서 else S_2의 구문 분석을 하게 되지만, 이는 이미 읽은 else를 두 번째의 then(그 else와 가까운 then)과 조합합니다.

5. (1) Director(S, +SS) = {+}, Director(S, *SS) = {*}, Director(S, i) = {i} 에서는 Director에 공통 부분이 없으므로 LL(1) 문법입니다.

(2) S → +[(|S[+]S[)] |*S[*]S | i[i]

(3) S → +S[+]S | *T[*]T | i[i]
    T → +[(|S[+]S[)] | *T[*]T | i[i]

(4) S → −S[−]T | *T[*]T | i[i]
    T → −[(|S[−]T[)] | *T[*]T | i[i]

6장
생략

7장
생략

8장
생략

찾아보기